상권
1~3학년

이런 분들께 추천합니다.

① 아이가 모른다고 하면 어떻게 설명해 주어야 할지 고민되는 부모
② 요즘 초등 수학이 어렵다고 생각하는 부모
③ 내가 수포자여서 아이도 수포자가 될까 봐 걱정되는 부모
④ 이론 중심의 책을 읽어도 바로 실천하기 어려운 부모
⑤ 수학 가르쳐 주다 아이와 관계가 나빠진 부모
⑥ 아이가 수학을 좋아하길 바라는 부모
⑦ 암기하는 수학이 아닌 스스로 이해하는 수학을 시키고 싶은 부모

Turn 0 이 책을 쓰게 된 이유

요즘 트렌드를 나타내는 단어 중 하나가 'MZ 세대'다. 이들 이전에는 'X 세대'가 있었고, 별타쌤은 여기에 속한다. 그렇다면 X 세대, M 세대, Z 세대를 잇는 2010년~2024년생 즉, 독자의 아이들은 어떻게 부를까? Z의 뒤를 잇는 알파벳이 없으므로 A로 돌아가려 했으나 A가 아닌 알파(α)를 사용해 '알파 세대'라고 불리고 있다. Z 세대의 다음 세대가 아닌 완전 새로운 종족의 탄생을 의미하며 탁월한 세대라는 뜻이다. 알파 세대는 신세대의 표방인 M 세대 부모에게서 태어나 자유를 누리며 디지털 기기와 함께 성장했다. 또 코로나 사태에 직접적인 영향을 받으며 자란 세대이기도 하다. 이들 세대는 꿈과 정체성이 이전과 확연하게 차이가 난다는 특징이 있다. 의사, 연예인, 운동선수보다는 100만 유튜버가 꿈이며, 본인이 세상에서 가장 중요하다고 생각한다. 자기중심성이 강하여 어떤 것을 못할 경우, 체념하기보다 각자 기질과 능력이 다르다고 받아들인다.

자기중심성이 높다는 것은 어떻게 생각하면 자기 존중감(자존감)으로 연결될 수도 있겠으나, 문제는 코로나19 팬데믹이다. 코로나19로 인해 힘겨운 시간을 보내며 우울·불안감이 높아지고, 2년 동안 정상적인 현장 수업을 듣지 못하면서 학교생활에 악영향을 미쳤다. 그런 상황에서 아이들이 접하게 되는 기회·경험·공부 수준은 부모의 능력과 노력에 따라서 큰 편차가 생길 수밖에 없다. 그 편차가 가장 크게 나타나는 부분이 바로 자기 주도 학습이다. 부모에 의해 적절한 코칭을 받은 아이는 힘든 시기에도 오히려 자기 주도 학습 능력이 탄력을 받아 크게 성장하였으나, 그렇지 못한 아이는 큰 어려움을 겪었다. X-M-Z 세대도 자기 주도 학습이 정말 중요하다는 것을 모두 공감할 것이다. 코로나19 팬데믹을 겪은 자기중심성이 강한 신종족(新種族) 알파 세대에게는 더욱 필요한 부분임을 절실히 느끼길 바란다. 자기 주도 학습 능력을 키우는 방법은 유튜브 채널 『별타쌤』의 자기 주도 학습 콘텐츠에 자세히 올려놓았으니 참고하길 바란다.

여기서 자기 주도 학습의 포인트를 하나만 꼽자면 부모의 노력과 지도가 반드시 필요하다는 것이다. 그게 바로 엄빠표 공부다. 부모가 아이의 학습 상황을 정확히 알고 적절한 코칭이 가능할 때 자기 주도 학습 능력은 배가된다. 학교에서 현장 수업을 듣든, 원격 수업을 하든, 학원을 가든, 과외를 받든, 온라인 강의를 듣든 모든 학습은 자기 주도 학습이 바탕이 되므로 엄빠표 공부는 필수다.

지금까지 알파 세대 아이들을 위한 엄빠표 공부의 중요성을 논하였다. 이제 책의 핵심인 엄빠표 수학에 대해 본격적으로 이야기해 보자.

엄빠표 수학 가이드의 가장 중요한 목표는 '따라 하기 쉽다' → '아이가 수학을 좋아하게 되었다' 는 결론이다(좋아하면 잘하게 되는 것은 자연스럽게 따라오므로 해당 단계는 생략하겠다). 그 목표를 위해서 아이들이 어려워하는 개념과 문제를 모아 어떻게 지도하면 쉽고 재미있게 이해할지 아이 입장에서 고민에 고민을 거듭하며 준비하였다.

엄빠가 꼭 알아야 할 개념에는 "원래 이렇게 하는 거야, 외워!"라고 말하는 암기 수학을 이해하는 수학으로 바꾸기 위한 설명을 담았다. 아이에게 이해하는 수학을 가르치기 위해서는 부모가 먼저 개념의 참뜻을 숙지해야 "왜 이렇게 하는 건지 알겠지? 이해했지?"라고 말할 수 있다.

엄빠가 꼭 알아야 할 문제에는 아이들이 별표 치고 어려워하는 문제를 수록했다. 우리 아이도 이 문제를 어려워했다고 공감할 수 있을 만큼, 그야말로 족집게로 뽑아 보았다. 앞서 엄빠가 꼭 알아야 할 개념에서 이해한 내용을 토대로 문제 풀이를 지도할 수 있는 멘트를 함께 실었다. 아이가 어려워할 때 그대로 읊어주어도 될 만하다.

마지막으로, 학습 지도에 도움이 될 수학이 재밌어지는 시리즈, 수재 시리즈를 소개한다.
※ 수재(秀才) : 수학이 재밌어지면 수학에 뛰어난 재주가 있는 수재가 된다는 뜻을 담았다.

📖 엄빠표 수재 어휘

모든 학습의 기본은 어휘이다. 특히 수학의 경우 대부분 한자어에서 유래해서 한자를 이해하면 자연스럽게 용어도 정리된다. 무작정 암기하는 수학이 아닌 이해하는 수학의 시작이며, 뜻을 알면 더욱 재밌게 배울 수 있다.

👥 엄빠표 수재 질문

사고력을 키우려면 비판적 사고를 바탕으로 창의적인 아이디어로 발전시켜야 한다. 비판적 사고는 호기심을 양분 삼아 사물이나 현상을 볼 때 "왜?"라는 질문을 하며 시작한다. 또, 알파 세대는 당위성과 목적이 확실해야 관심을 가진다. 아이들이 궁금해할 질문이나 부모가 아이에게 던져 사고를 확장할 수 있는 질문을 모두 담았다.

엄빠표 수재 도움활동

수학을 힘들어하고 이해가 어려운 아이들을 한층 더 도울 수 있는 방법을 담았다. 부모의 코칭을 어려워해도 좌절하고 포기하지 말고 다시 시작해 봤으면 한다. 아이마다 단원에 따른 이해와 능력의 차이가 있음을 인정하고 어느 부분을 짚을지, 어떻게 복습할지를 설명하였으며 이 과정에서 발생할 수 있는 고민도 종종 짚었다. 이해를 더욱 도울 수 있는 놀이와 교구 활용도 함께 수록했는데, 집에서 손쉽게 따라 할 수 있게끔 준비했으며 특히 10칸 국어 노트가 요긴하게 쓰이리라고 미리 귀띔한다.

마지막으로 엄빠표 수학을 함께하면서 주의할 점을 소개한다.

1. 싹 다 지우고 다시 풀어!

엄빠표 수학은 아이의 성향에 따른 일대일 맞춤이 최대 장점이다. 오답이 생겼을 때 원인을 분석하여 실수를 깨닫고 돌아보는 과정이 중요하다. 자기 주도 학습의 핵심인 Plan-Do-See, 즉 계획하고, 실행하고, 되돌아보는 과정이 오답 점검에도 필요한 것이다. 무작정 틀린 부분을 지우지 말고 '어디에서 틀렸을까?', '왜 틀렸을까?' 묻는 과정이 무척 중요하다. 틀린 곳을 아이 스스로 찾아서 지우도록 하는 것이다(아울러 정답, 특히 어려운 문제를 해결했을 때 어떻게 풀었는지 묻는 것도 중요하다). 이러한 '자기 정정력'이 문제해결력의 기본이 되고 수학적 사고력의 토대가 된다. 이런 자기 정정력을 키우기 위해서 중요한 것은 수학의 양보다 질이다. 푼 수학 문제의 양이 수학 성적의 성패를 가른다는 말을 들으면 안타깝다.

추후 중·고등 수학을 배울 때 많은 문제를 편하고 재미있게 풀 수 있는 수학적 힘은 초등 수학에서 대부분 갖춰지며, 수학 노동으로 그 힘을 빼서는 안 된다. 사상누각(沙上樓閣), 모래 위에 열심히 집을 짓게 하지 말자.

2. 이렇게 해 봐! 엄빠가 가르쳐 줄게.

학습(學習)이란 배우고 익힌다는 뜻이다. 별타쌤은 학습습습! 배웠으면 익히고, 익히고, 또 익히라는 말을 하고 싶다. 이 차이를 티칭(teaching)과 코칭(coaching)으로 정의하고자 한다.

티칭은 일방적으로 가르치는 주입식 교육이다. 내비게이션과 같이 길은 쉽게 찾을 수 있으나 금방 잊고 스스로 길을 찾아갈 수 없다. 코칭은 아이의 강점과 약점을 파악해 잠재력을 끌어내는 교육이다. 스스로 문제를 발견하고 해답을 찾아가도록 도와주는 것이다.

가르쳐 주지 말기! 스스로 해답을 찾도록 기다리기!

이 책의 포인트도 티칭하는 방법이 아니라 코칭하는 방법이다. 아이의 강점과 단점을 제일 잘 아는 코치가 바로 부모다. 티칭을 내려놓아야 엄빠표 수학이 성공한다. 엄빠표 수학을 실패하고 많이들 하는 말이 "제 아이는 제가 못 가르치겠어요."다. 가르치려 하지 말고 믿고 기다려 주자. 아이의 무한한 가능성을 인정해 주는 것, 포기하고 싶은 순간 격려로 잠재력을 찾아주는 것. 내 아이의 가장 훌륭한 코치인 부모의 역할이다.

이제부터 별타쌤과 훌륭한 코치가 되기 위한 공부를 시작해 보자.

목차

Turn 0 이 책을 쓰게 된 이유 · 04

Turn 1 1학년 엄빠표 수학

    1학기 1단원 9까지의 수 · 12

    1학기 2단원 여러 가지 모양 / 2학기 3단원 여러 가지 도형 · 18

    1학기 3단원 덧셈과 뺄셈 · 23

    1학기 4단원 비교하기 · 29

    1학기 5단원 50까지의 수 / 2학기 1단원 100까지의 수 · 31

    2학기 2단원 덧셈과 뺄셈(1) / 2학기 4단원 덧셈과 뺄셈(2) / 2학기 6단원 덧셈과 뺄셈(3) · 35

    2학기 5단원 시계 보기와 규칙 찾기 · 44

Turn 2 2학년 엄빠표 수학

    1학기 1단원 세 자리 수 / 2학기 1단원 네 자리 수 · 48

    1학기 2단원 삼각형, 사각형, 원 · 53

    1학기 3단원 덧셈과 뺄셈 · 59

    1학기 4단원 길이 재기 / 2학기 3단원 길이 재기 · 68

    1학기 5단원 분류하기 / 2학기 5단원 표와 그래프 · 73

    1학기 6단원 곱셈 / 2학기 2단원 곱셈구구 · 78

    2학기 4단원 시각과 시간 · 88

    2학기 6단원 규칙 찾기 · 99

Turn 3 3학년 엄빠표 수학

1학기 1단원 덧셈과 뺄셈   104

1학기 2단원 평면도형   113

1학기 3단원 나눗셈 / 2학기 2단원 나눗셈   122

1학기 4단원 곱셈 / 2학기 1단원 곱셈   130

1학기 5단원 길이와 시간   134

1학기 6단원 분수와 소수 / 2학기 4단원 분수   137

2학기 3단원 원   153

2학기 5단원 들이와 무게   157

2학기 6단원 자료의 정리   161

Last turn 엄빠표 수학 성공을 기원하며   164

Turn 1

1학년
엄빠표 수학

1학기 1단원

9까지의 수

| 엄빠가 꼭 알아야 할 개념

초등 수학 교육 과정은 '수와 연산' 영역이 많은 부분을 차지한다. 따라서 초등학교 때 수학을 수월히 해내려면 자연수, 분수, 소수를 잘 이해해야 한다. 1학년 1학기 1단원에서 1부터 9까지의 수를 배우는 것이 그 시작점이다.

이 단원에서 가장 중요한 것은 수 감각 형성이다. 수 감각을 형성하려면 수의 순서성을 자연스럽게 익혀야 한다. 수의 순서성을 통해 수 감각을 형성하지 않은 채 덧셈을 하게 되면 9 + 2 = 11은 쉽게 할 수 있지만 99 + 2는 올림이 두 번 있어 아주 어렵게 느껴진다. 반대로 9와 99에 대한 순서성만 이해하면 아주 쉬운 덧셈이 된다. 그렇다면 수 감각 형성을 위한 수의 순서성은 어떻게 익혀야 할까? 아이들은 사물과 수를 하나씩 연결 짓는 활동을 통해 수를 이해하게 된다. 그와 함께 수 개념을 습득하고 수를 세며 순서와 크기 비교로 나아가는 것이다. 수의 순서와 크기 비교가 완성되면 비로소 덧셈과 뺄셈을 할 수 있다.

덧셈과 뺄셈이 Out-put(출력 과정)이라면, 수의 순서성을 익히는 것은 In-put(입력 과정)이다. 모든 학습에 있어서 가장 중요한 부분은 충분한 In-put을 통한 자연스러운 Out-put이다. 하지만 교육 실정은 Out-put만 강요한다. 입력 과정 없이 출력만 강조하니 아이들이 힘들 수밖에 없다. 가급적 초등학교 입학 전에 탄탄한 기초를 쌓아 두면 좋지만, 미처 준비하지 못했더라도 아직 늦지 않았다. 1학년 1학기 1단원, 9까지의 수가 바로 입력 과정이기 때문이다. 이때 공부하는 것에는 수 개념과 양 개념이 있다.

① 수 개념 : 수창(수 세기)

수를 다양한 방법으로 세고 또박또박 읽을 수 있어야 한다. 어렵다면 숫자판을 보고 읽는 연습 후 진행하는데, 숫자판은 적어도 120까지 표시된 것을 추천한다. 100 이전과 이후 숫자의 순서 흐름이 같다는 것을 알아야 수를 수월히 확장할 수 있다. 특히 수를 크게 소리 내어 읽는 것이 중요하다. 소리를 냄으로써 메타인지와 두뇌 발달에 도움이 되고 눈ㆍ귀ㆍ입 세 가지 감각기관의 움직임으로 오랫동안 기억할 수 있기 때문이다.

> **📔 엄빠표 수재 어휘**
>
> **수창의 종류**
>
> ▶**순창(앞으로 세기)**
> 어떤 수에서 시작하여 큰 수 쪽으로 수를 확장해서 세기
>
> ▶**역창(거꾸로 세기)**
> 어떤 수에서 시작하여 작은 수 쪽으로 수를 세기
>
> ▶**분산창(뛰어 세기)**
> 둘씩 뛰어 세기, 셋씩 뛰어 세기, 십씩 뛰어 세기 등 다양한 방법으로 뛰어 세기
>
> 순창은 덧셈의 In-put, 역창은 뺄셈의 In-put이다. 분산창은 곱셈의 In-put이 되며 여기서 곧잘 하는 아이는 역분산창(거꾸로 뛰어 세기)도 추천한다. 역분산창이 가능하다면 나눗셈을 이해하기 위한 기반도 닦일 것이다.

엄빠표 수재 질문

4 앞의 수는 뭘까?

4 앞의 수는 3일까, 5일까? 우선 수를 적어보자.
   1, 2, 3, 4, 5……

가로로 쓰면 3이 앞인지, 5가 앞인지 헷갈리지? 이번엔 세로로 적어볼까?
   1
   2
   3
   4
   5
   ·
   ·

이렇게 세로로 적으면 3이 4 앞의 수라는 것을 바로 알 수 있단다.

② 양 개념 : 도트 노트 활동

양 개념을 익히기 위해서 별타쌤의 '최애 교구'인 10칸 쓰기 노트가 등장한다. 단돈 500원짜리 노트를 이용해 아이의 양적 개념을 잡아 주자. 1장마다 도트를 확장해서 그리게 한다. 예를 들어 첫 번째 장에는 1개, 두 번째 장에는 2개, 세 번째 장에는 3개를 그리는 것이다. 순서대로 한 장씩 넘기며 순창, 거꾸로 한 장씩 넘기며 역창, 뛰어 넘기며 분산창을 한다.

도트 노트 활동을 반복하면 수의 양, 낱개, 10묶음 개념도 쉽게 이해할 수 있고 수의 직관력도 생긴다. 직관력은 증거나 의식적인 추론을 거치지 않고도 지식을 습득하는 능력으로, 학교에서 시험을 치를 때 문제를 보는 순간 즉시 정답이나 풀이 방법이 머릿속에 떠오르는 것이 그 예다.

📐 엄빠표 수재 도움활동

도트 노트 만들기

한 장씩 넘기며 도트를 확장한다. 1, 2, 3……. 동그라미를 그리며 수를 읽으면 좋지만, 힘들다면 도트 스티커를 활용하는 것도 추천한다. 적어도 50개 이상의 도트까지 셀 수 있는 것을 목표로 한다.

가급적 미취학 아동기에 진행하는 것을 강력하게 추천하며, 이 활동은 1학년 수학 과정 학습에 큰 도움이 된다. 아이가 수의 양적인 개념이 부족하다면 초2, 초3도 활용할 수 있다. 연습을 거듭하면 아이가 부모보다 빨리 양을 읽어내는 놀라움을 맛볼 수 있을 것이다.

| 엄빠가 꼭 알아야 할 문제

문제 1 민채는 앞에서 여섯째, 뒤에서 셋째에 앉아 있습니다. 한 줄에 앉아 있는 사람이 모두 몇 명인지 구하세요.

문장으로 보니 무슨 말인지 잘 모르겠다. 그림으로 나타내 볼까? 우선 앞에서 여섯째를 그려보자.

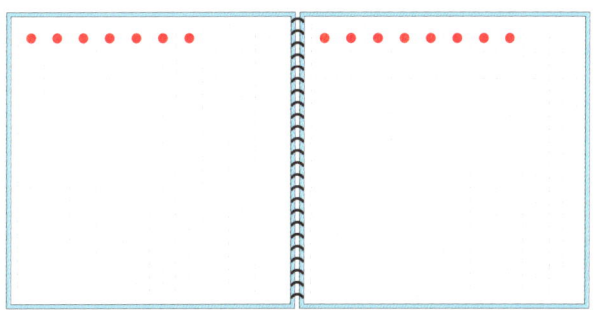

이제 뒤에서 셋째를 그려보자.

모두 몇 명인지 숫자를 써서 세어보자.

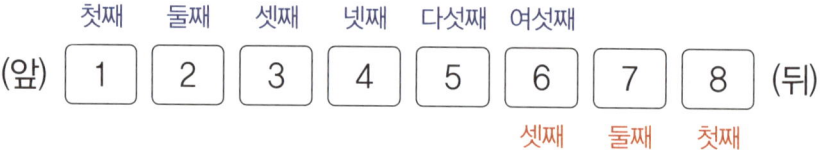

그림을 그려보면 한 줄에 앉아 있는 사람은 모두 8명이라는 걸 알 수 있어.

답 : 8명

📖 엄빠표 수재 어휘

기수와 서수

▶ **기수**

기수는 개수나 양을 나타내고 "하나, 둘, 셋…."이라고 읽는다. "사과가 3개 있다.", "쿠키가 7개 있다."라고 말할 때 '3개(세 개)', '7개(일곱 개)'가 각각 기수다.

▶ **서수**

서수는 순서를 나타내고 "첫째, 둘째, 셋째…." 또는 "일, 이, 삼…."이라고 읽을 수 있다. "달리기 대회에서 첫 번째로 도착했다.", "반에서 세 번째로 키가 크다."라고 말할 때 '첫 번째', '세 번째'가 각각 서수다.

이처럼 수는 의미에 따라 읽는 방법이 달라진다는 것을 기억하자. 예를 들어 "선물 더미에서 두 번째 상자를 골랐더니 안에 장난감이 3개 들어 있었어요."라는 문장에서 '두 번째'는 서수, '3개'는 기수다.

문제 2 다음 조건을 만족하는 수를 구하세요.

> • 5와 9 사이에 있습니다.
> • 7보다 큰 수입니다.

조건이 두 개나 되는구나. 한 개씩 천천히 해결해 보자. 5와 9 사이의 수를 순서대로 쓰면 6, 7, 8이구나. 이 중에서 두 번째 조건인 7보다 큰 수는 8이란다.

이처럼 조건이 두 개일 때는 하나씩 차근차근 생각하며 답에 가까이 가면 어렵지 않아.

답 : 8

1학기 2단원

2학기 3단원

여러 가지 모양
여러 가지 도형

| 엄빠가 꼭 알아야 할 개념

엄빠표 수학은 교과의 흐름을 보아야 성공할 수 있다. 1학년 1학기엔 입체도형(상자 모양, 둥근기둥 모양, 공 모양)을 배우고 1학년 2학기에 평면도형(□, △, ○)을 배운다. 도형 단원의 이해를 돕기 위해 차원이라는 개념을 사용하겠다. 차원은 기하학적 도형에서 점의 위치를 나타내는 데 필요한 축의 개수를 말한다.

점	선	면	입체
•	•—•	□	(정육면체)
축 0개 0차원	축 1개 1차원	축 2개 2차원	축 3개 3차원
물리량 없음 위치만 지정	길이	길이 넓이	길이 넓이 부피

가장 단순한 0차원부터 교과서에 나올 것 같지만, 3차원부터 0차원 순으로 학습하고 다시 0차원부터 3차원 순으로 학습한다.

학기	교과 단원	교과 내용	차원
1학년 1학기	2. 여러 가지 모양	입체도형	3차원
1학년 2학기	3. 여러 가지 모양	평면도형	2차원
2학년 1학기	2. 여러 가지 도형	평면도형	2차원
3학년 1학기	2. 평면도형	점, 선	0차원, 1차원
4학년 1학기	4. 평면도형의 이동	평면도형	2차원
4학년 2학기	2. 삼각형 4. 사각형 6. 다각형	평면도형	2차원
5학년 2학기	5. 직육면체	입체도형	3차원
6학년 1학기	2. 각기둥과 각뿔	입체도형	3차원
6학년 2학기	6. 원기둥·원뿔·구	입체도형	3차원

이런 흐름을 따르는 이유는 교실 및 주변의 여러 가지 물건을 통해 입체도형을 쉽게 관찰할 수 있기 때문이다. 생활 속 익숙한 3차원 입체도형을 관찰하고, 그 입체도형을 이루는 평면도형을 학습하는 것이다.

① 여러 가지 모양

도형은 단순히 모양과 정의만 외울 것이 아니라 생활 속 사물을 관찰하는 것에서 시작하여 이해하고 표현할 수 있어야 한다. 따라서 시각, 촉각 등 여러 가지 감각을 이용해서 도형의 성질을 이해할 수 있게 해주는 것이 중요하다. 상자 모양은 주사위나 선물 상자를 관찰해 평평한 부분과 뾰족한 부분이 있으며 잘 쌓을 수 있음을 익힌다. 둥근기둥 모양은 두루마리 휴지나 음료수 캔을 관찰해 둥근 면이 있고 옆으로 잘 구르며 세워서 쌓을 수 있음을 익힌다. 공 모양은 축구공이나 지구본을 관찰해 둥근 부분만 있으며 잘 구르고 쌓을 수 없음을 익힌다. 참고로 초등 1학년 때에는 각각 '상자 모양, 둥근기둥 모양, 공 모양'이라고 배우고, 초등 고학년이 되어서야 비로소 '사각기둥, 원기둥, 구'라는 용어를 배운다.

💬 엄빠표 수재 질문

자동차 바퀴는 공 모양일까? 둥근기둥 모양일까?

자동차 바퀴는 납작한 둥근기둥 모양이야. 만약 공 모양이었다면 멋대로 굴러가서 브레이크를 밟아도 안 멈추고 다른 곳으로 갈 수도 있겠지? 이 외에도 둥근기둥 모양은 음료수 캔, 두루마리 휴지, 컵 등 다양한 곳에 사용된단다. 보관이 용이하고 좁은 공간에 많이 담을 수 있다는 장점이 있기 때문이지.

② 여러 가지 도형

평면도형은 입체도형의 한 면이라는 것을 알려 주자. '여러 가지 모양' 단원과 마찬가지로 주변을 관찰하고 분류할 수 있도록 지도한다. 개념을 다루기 전에 특징을 짚어 준비하면 좋다.

	주변 물체	특징
□ 모양	교과서 색종이 칠판	뾰족한 부분이 4개 있다. 곧은 선이 4개 있다.
△ 모양	삼각김밥 삼각자 트라이앵글	뾰족한 부분이 3개 있다. 곧은 선이 3개 있다.
○ 모양	동전 시계 반지	뾰족한 부분이 없다. 굽은 선이 있다.

🆘 엄빠표 수재 도움활동

생활 속 도형을 분류하고 이름 짓기

교과서에는 도형의 모양과 그림만을 제시한다. 이때 도형에 이름을 붙이면 인식하기 편할 뿐더러 아이들의 창의 사고력을 자극하고 다양한 관점을 열어주기도 한다. 아이들이 특징을 관찰해 도형을 찾고, 분류하고, 이름을 지어보도록 하자. 구슬 아이스크림 모양, 가래떡 모양, 아파트 모양… 창의적이고 다양한 이름을 지을 것이다.

> **고민1** 아이가 엉뚱한 이름을 지어요.
>
> 재미있는 생각을 했다고 말해주되 다시 도형의 특징을 짚으며 그에 맞는 이름을 떠올릴 수 있도록 독려해 주자. 이름을 들으면 "아, 이 모양!" 하고 곧장 떠올릴 수 있을 만한 이름을 예시로 들어주어도 좋다. 둥근기둥 모양은 나무(줄기) 모양, 상자 모양은 냉장고 모양, 공 모양은 수박 모양 등 주변에 있는 다양한 물건들의 특징을 관찰할 수 있게 하자.
>
> **고민2** 원뿔, 육각기둥… 아직 배우지 않은 도형을 가져와요.
>
> 호기심이 많은 친구들은 다양한 모양에 관심을 둘 수 있다. 배우지 않았더라도 생활 속에서 접하는 도형이라면 얼마든지 활동이 가능하다. 둥근 면이 있는지, 평평한 면이 있는지, 뾰족한 곳이 있는지, 굴러가는지, 쌓을 수 있는지 등을 관찰하고 아이와 이름을 지어보자.

엄빠가 꼭 알아야 할 문제

 문제 1 ☐ 모양, ⬭ 모양, ○ 모양을 사용해서 만든 기차입니다. 가장 많이 사용한 모양은 모두 몇 개인가요?

도형이 여러 개여서 실수할 수 있으니 우리 꼼꼼하게 살펴볼까? ⬜ 모양은 ∨로 체크하고, ⬛ 모양은 /로 체크하고, ○ 모양은 ×로 체크하자. 체크하면서 세어보니 ⬜ 모양은 4개, ⬛ 모양은 5개, ○ 모양은 1개지? 체크가 안 된 모양은 없는지 확인하고 구하려는 것이 무엇인지 다시 확인해 볼까? 그래, 가장 많이 사용한 모양은 ⬛ 모양이니 답은 5개란다.

그 외에 이런 문제도 나올 수 있어.

가장 적게 사용한 모양은?	답 : ○
가장 많이 사용한 모양부터 차례대로 나타내면?	답 : ⬛, ⬜, ○
가장 적게 사용한 모양부터 차례대로 나타내면?	답 : ○, ⬜, ⬛
가장 많이 사용한 모양은 몇 개일까?	답 : 5개(⬛)
가장 적게 사용한 모양은 몇 개일까?	답 : 1개(○)

가장 많이 사용한 모양과 가장 적게 사용한 모양은 모두 몇 개일까?

답 : 5(⬛) + 1(○) = 6 (개)

가장 많이 사용한 모양과 가장 적게 사용한 모양 개수의 차는 몇 개일까?

답 : 5(⬛) − 1(○) = 4(개)

기차를 만드는 데 사용한 모양은 모두 몇 개일까?

답 : 4(⬜) + 5(⬛) + 1(○) = 10(개)

도형 문제는 다양한 유형이 있어서 문제를 잘 읽고 구하려는 것을 정확히 파악하는 것이 중요하단다.

답 : 5개

1학기 3단원

덧셈과 뺄셈

| 엄빠가 꼭 알아야 할 개념

아이가 구체물(일정한 형상을 갖추고 있는 사물)이 몇 개인지 직접 셀 수 있다면 도트 등 기호를 이용해 단순화하는 과정이 필요하다. 머릿속의 구체물을 기호로, 기호를 수로 단순화한다.

이처럼 추상화하는 과정이 있어야 복잡한 문제를 빠르게 이해할 수 있고, 덧셈과 뺄셈이 수월해진다. 아이가 손가락으로 셈하는 것도 이 과정과 연관 있다. 구체물인 손가락을 이용해서 셈을 돕는 것이다. 이 과정을 마치고 덧셈과 뺄셈을 하기 전에 0에서 10까지 수를 올바르게 인지하는지 다시 한번 확인한다.

🔺 엄빠표 수재 도움활동

☐ **보다 작은 수, 큰 수**

☐ 보다 1 작은 수는 뭘까?
☐ 보다 1 큰 수는 뭘까?
☐ 는 5보다 몇 큰 수일까?(6~10까지)

☐ 보다 3 작은 수, ☐ 보다 4 큰 수 등 자유롭게 변칙을 주며 질문하자. 만약 아이가 어려워한다면 0~10까지 적어 놓은 수를 보고 대답하다가 익숙해지면 보지 않고 하도록 한다. 이처럼 0~10까지 수의 크기와 순서를 충분히 익혀야 덧셈·뺄셈이 수월하다.

수를 충분히 익혔다면 덧셈과 뺄셈 바로 전 단계인 가르기와 모으기를 연습한다. 여기서 가장 중요한 부분은 '더해서 5', '더해서 10'이다. 예를 들어 8 + 5를 하기 위해 5를 2 + 3으로 가르기를 거쳐 8과 2를 먼저 더해 10을 만들어 답을 내는 과정이다.

$$8 + 5 = ?$$
$$8 + 5 = \underline{8 + 2} + 3 = 10 + 3$$
$$\underset{2\ \ 3}{\wedge}$$

이러한 과정을 통해 8 + 5 = 13이라는 답을 낼 수 있다.

가르기와 모으기를 통해 수를 나누고 합치는 연습을 하면 숫자의 구조와 관계를 더욱 잘 이해할 수 있다. 복잡한 계산을 단순화하는 과정이기 때문에 더 큰 수의 계산, 특히 암산도 쉬워진다.

엄빠표 수재 도움활동

'5가 되려면!' 게임

더해서 5가 되는 숫자 조합을 찾는 게임이다. 한쪽이 먼저 5보다 작은 수를 제시하고 나머지 사람이 그 수와 더해서 5가 되는 숫자를 말한다. 말하는 순서를 바꿔가며 진행하자.

우리 '5가 되려면!' 게임 해볼까?

5가 되려면 엄빠는 1, 나는 4
5가 되려면 나는 3, 엄빠는 2

우와, 정말 잘한다! 우리 이 게임을 노트에 적어보자. 먼저 가르기를 적어볼까? 가르기는 수를 나누는 거란다. '5가 되려면' 게임을 하면서 만든 여러 가지 방법을 모두 떠올려 보렴.

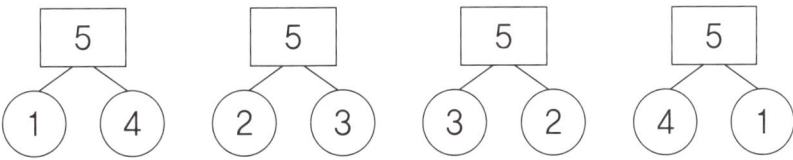

모두 잘 가르기 했네. 이번엔 다시 모으기 해볼까? 모으기는 수를 합치는 거야. 아까 떠올린 1과 4를 합치면 5가 되지?

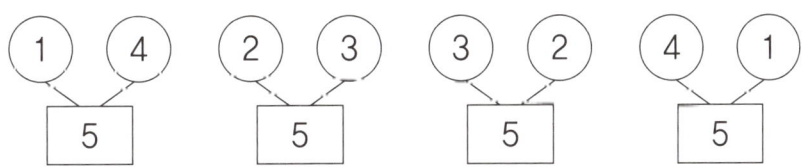

가르기를 하면 5 = 1 + 4이고, 모으기를 하면 1 + 4 = 5구나! 가르기는 뺄셈의 기초가 되고 모으기는 덧셈의 기초가 된단다. 가르기와 모으기를 열심히 공부하면 나중에 뺄셈과 덧셈의 관계도 쉽게 알 수 있지.

편 손가락, 접은 손가락 세기

한 손을 펴고 손가락을 접으며 접은 개수를 외치면 상대가 편 손가락 수를 답한다. '5가 되려면!' 게임과 같은 방법으로 열 손가락을 이용해 '10이 되려면!' 게임을 진행해도 좋다.

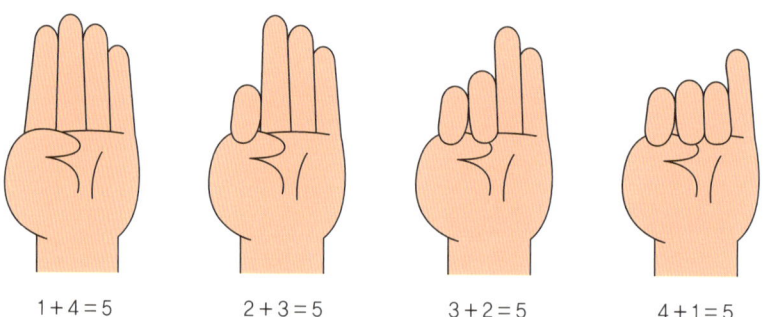

1 + 4 = 5 　　 2 + 3 = 5 　　 3 + 2 = 5 　　 4 + 1 = 5

고민 아이가 가르기를 어려워해요. 연습이 더 필요할 것 같아요.

이런 경우 노트를 활용해서 '5가 되려면!' 게임을 연습할 수 있다. 10칸 노트를 활용하여 동그라미 가르기를 한 뒤, 어떻게 나뉘어 있는지 적는다. 연습이 충분히 되었다면 동그라미를 직접 자유롭게 나누고 적을 수 있게끔 지도한다.

●	●	●	●	●		0	+	5	=	5
●	●	●	●	●		1	+	4	=	5
●	●	●	●	●		2	+	3	=	5
●	●	●	●	●		3	+	2	=	5
●	●	●	●	●		4	+	1	=	5
●	●	●	●	●		5	+	0	=	5

| 엄빠가 꼭 알아야 할 문제

문제 1 두 사람이 사탕 6개를 나누어 가지려고 합니다. 두 사람이 사탕을 적어도 한 개씩 가진다고 할 때, 나누어 가지는 모든 방법을 덧셈식으로 만들어 보세요.

일단 6을 가르기 해볼까? (1, 5), (2, 4), (3, 3), (4, 2), (5, 1)로 가를 수 있구나. 두 사람이 적어도 한 개씩 가진다고 하니 (0, 6), (6, 0)으로 가르면 안 되겠지? 이를 덧셈식으로 나타내면 1 + 5 = 6, 2 + 4 = 6, 3 + 3 = 6, 4 + 2 = 6, 5 + 1 = 6이야.

엄빠! 1 + 5 = 6과 5 + 1 = 6은 같은 거 아니에요?

그래, 아주 좋은 질문이다. 문제에 등장한 두 사람을 형과 동생이라고 해보자. 형이 1개, 동생이 5개 가졌다면 1 + 5 = 6이고 형이 5개, 동생이 1개 가졌다면 5 + 1 = 6이 되겠지? 서로 다른 상황이니, 덧셈식도 달리 생각해야 한단다.

답 : 1 + 5 = 6, 2 + 4 = 6, 3 + 3 = 6, 4 + 2 = 6, 5 + 1 = 6

문제 2 수 카드를 한 번씩만 사용하여 뺄셈식을 만들려고 합니다.

| 1 | 4 | 5 | 9 |

1) 계산 결과가 가장 큰 뺄셈식을 만드세요.

뺄셈식을 만든다는 건 답까지 완성해야 한다는 뜻이야. 계산 결과가 크려면 어떤 수를 넣으면 좋을까? 가장 큰 수 9에서 가장 작은 수 1을 빼보자. 9 - 1 = 8인데, 8에 해당하는 숫자 카드가 없구나. 그럼 두 번째로 작은 수 4를 빼보자. 9 - 4 = 5. 결과까지 숫자 카드를 사용할 수 있구나! 즉, 주어진 숫자 카드로 만들 수 있는 뺄셈식 중 결과가 가장 큰 것은 9 - 4 = 5란다.

답 : 9 - 4 = 5

2) 계산 결과가 가장 작은 뺄셈식을 만드세요.

계산 결과가 작다는 것은 두 수의 차가 작다는 이야기란다. 두 수의 차가 작다는 말은 두 수의 간격이 가깝다는 뜻이야. 그렇다면 연속된 두 수일 때 계산 결과가 가장 작겠지. 연속된 두 수 4, 5의 차를 생각해 볼까? 아하! 연속된 두 수의 차는 항상 1이 되는구나. 어렵다면 수를 수직선으로 나타내 보자.

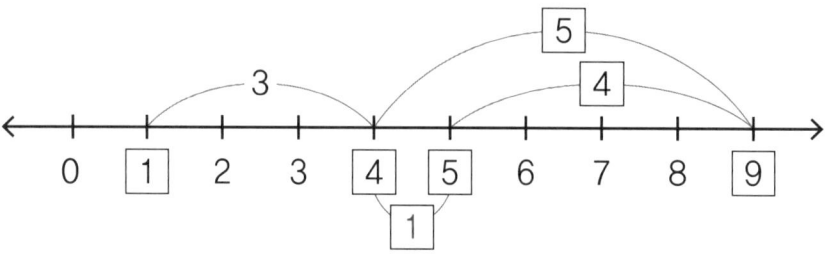

수의 간격이 멀수록 차가 커지고, 가까울수록 차가 작아진단다. 따라서 숫자 카드로 만들 수 있는 식 중 조건에 맞는 것은 ⑤ − ④ = ①이겠구나.

답 : ⑤ − ④ = ①

비교하기

1학기 4단원

| 엄빠가 꼭 알아야 할 개념

비교하기 단원은 측량의 기본이 되므로 무척 중요한 과정이다. 실생활에서 접하기 쉬운 내용이어서 재밌지만, 용어가 한꺼번에 많이 나와서 어휘력이 약한 아이들은 어려움을 겪는다. 따라서 용어 정리를 해두는 것이 좋다. 이 단원에선 길이, 높이, 무게, 넓이, 크기, 들이(담을 수 있는 모양)를 비교한다.

길이(길다 ↔ 짧다) : 한쪽 끝을 맞추고 다른 쪽을 비교한다. 자로 길이를 재는 연습과 같다.
높이(높다 ↔ 낮다) : 기준이 되는 선을 두고 높고 낮음을 비교한다.
무게(무겁다 ↔ 가볍다) : 눈으로 보거나 손으로 들어 무게를 가늠해 본다. 시소를 탔던 경험 등을 떠올리게끔 유도한다.
넓이(넓다 ↔ 좁다) : 한쪽 끝을 맞추어 겹쳐 보았을 때 남는 쪽이 더 넓음을 이해한다.
크기(크다 ↔ 작다) : 구체물을 놓고 직관적으로 이해시킨다. '크다, 작다'의 개념은 크기도 나타내지만 큰 수, 작은 수 개념과도 연결되어 중요하다.
들이(많다 ↔ 적다) : 우유나 주스의 서로 다른 들이를 실제로 비교해 본다.

무게를 가늠하는 것은 눈으로 보기, 손으로 들기, 양팔 저울로 재기 등이 있다. 단, 눈으로 보는 것은 주의해야 한다. 트럭과 세발자전거처럼 한눈에 알 수 있는 것도 있지만, 숨을 가득 불어넣어 커다란 풍선과 주먹만 한 사과가 있다면 크기는 작아도 사과가 더 무겁기 때문이다. 해당 물건을 이루는 것이 무엇이냐에 따라서 무게가 달라진다는 것도 꼭 짚어 주자.

엄빠표 수재 도움활동

실생활과 연관지어 생각하기

우리는 어떤 때에 길이를 비교할까? 무엇을 할 때 무게를 잴까? 등 아이가 일상을 떠올릴 수 있게 유도하자. 직접 키나 몸무게를 재고, 엄빠와 아이의 머리카락 길이나 신발의 크기를 비교하는 등 활용할 수 있는 것이 무궁무진하므로 더욱 즐거운 개념 잡기가 될 것이다.

| 엄빠가 꼭 알아야 할 문제

 문제 1 크기가 같은 물통 가, 나, 다에 물을 가득 채운 다음 각각 주전자, 페트병, 양동이에 가득 담아 덜어내고 남은 양입니다. 주전자, 페트병, 양동이 중에서 물이 가장 많이 들어가는 것은 무엇인가요?

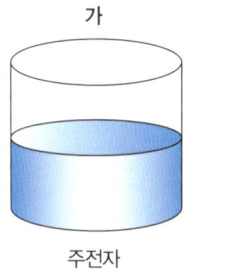
가
주전자

나
페트병

다
양동이

물통에 담긴 물이 주전자, 페트병, 양동이에 가득 담아 덜어내고 남은 양이라는 게 중요하겠구나. 그림에서 물이 가장 적게 담긴 물통이 뭘까? 그렇지, '다'로구나. 물이 가장 적게 남았다는 것은 물을 가장 많이 덜어냈다고 할 수 있으니 양동이가 가장 많이 들어간 거야.

답 : 양동이

> 1학기 5단원
>
> 2학기 1단원

50까지의 수
100까지의 수

| 엄빠가 꼭 알아야 할 개념

1학년 1학기에 50까지의 수를, 2학기에는 100까지의 수를 학습한다. 단순 숫자 쓰기와 크기 비교로 보일지도 모르지만, 이 두 단원은 초등과정의 수와 연산에 있어서 가장 중요하다. 별타쌤이 강조, 또 강조하는 부분은 기초 선행이 충분하지 않으면 응용 단계에서 큰 어려움을 겪는다는 것이다. 만약 아이가 활용, 응용 과정을 힘들어한다면 과감하게 기초를 다시 짚을 필요가 있다. 수 확장, 수 배열을 확실히 익혀야 9 + 2와 99 + 2의 난이도가 같아지는 것이다.

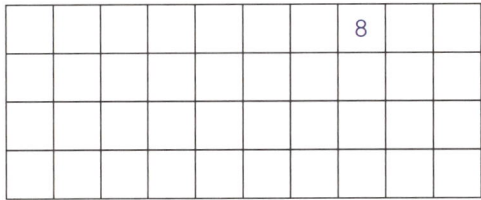

'어디에 있을까?' 게임(분산 적기)

엄빠가 부르는 숫자가 어디에 있을지 아이가 찾아 적는 게임이다.

어디에 있을까? 8!

					8	

이번엔 네가 퀴즈를 내볼래?

어디에 있을까? 20!

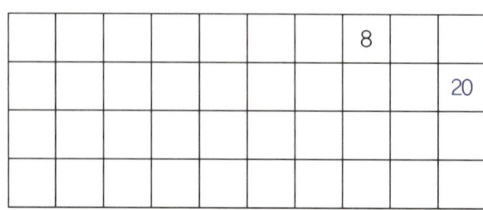

다시 엄빠가 문제를 낼게. 어디에 있을까? 32!
이건 조금 어려운 모양이구나. 먼저 30 자리를 찾아볼까?

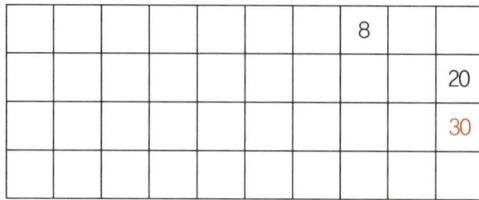

잘했어, 이제 32를 찾아보자.

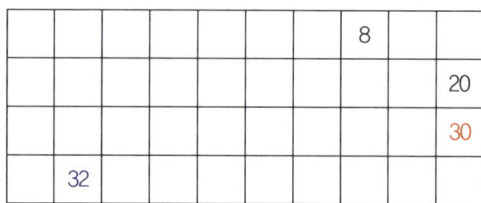

아이가 잘 찾지 못하는 경우, 이미 적혀 있는 수를 힌트로 찾을 수 있게 지도한다. 예를 들어 제시한 수가 '20'이라면 먼저 적어 놓은 8을 기준으로 18을 찾고 이어서 20을 찾을 수 있게 유도한다.

> **고민** 아이가 한 번에 바로 쓰지 못하고 칸을 일일이 세어요.

앞서 설명한 내용을 따라 지도해도 어려워할 경우 다양한 연습을 할 수 있다. 순서대로 적기, 거꾸로 적기, 뛰어서 적기 순으로 연습한 뒤 '어디에 있을까?' 게임을 다시 시작해 보자.

▶순서대로 적기

1~50까지 적기, 51~100까지 적기, 101~150까지 적기…. 수를 확장해서 적는다.

1	2	3	4	5	6	7	8	9	10
11	12	13	14	15	16	17	18	19	20
21	22								

▶거꾸로 적기

50~1까지 적기, 100~51까지 적기, 150~101까지 적기…. 수를 거꾸로 적는다.

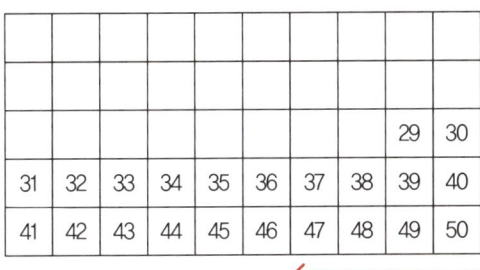

								29	30
31	32	33	34	35	36	37	38	39	40
41	42	43	44	45	46	47	48	49	50

▶뛰어서 적기

2씩 뛰어 적기, 3씩 뛰어 적기…. 순서대로 연습하면 곱셈구구의 원리를 이해하는 데 큰 도움이 된다. 만약 어려워하더라도 2, 5, 9, 10씩 뛰어 적기는 꼭 해본다.

						10
						20
						30
						40
						50

엄빠가 꼭 알아야 할 문제

문제 1 3장의 수 카드 ①, ③, ⑤ 중에서 2장을 뽑아 두 자리 수를 만들 때 만든 수 중에서 가장 큰 수는 얼마인가요?

가장 큰 수가 되기 위해선 십의 자리에 가장 큰 수 카드를, 일의 자리에 두 번째로 큰 수 카드를 놓아야겠구나. 옳아, 가장 큰 두 자리 수는 53이야. 정말 잘했어! 그런데 두 번째로 큰 수는 뭘까? 또는 두 번째로 작은 수는 뭘까? 조금 어렵지? 이 수 카드 문제는 6학년 선배들도 어려워하는 문제란다. 그러니까 1학년 때부터 친해지는 게 중요해!

만들 수 있는 모든 경우의 수를 적는 연습을 해보자꾸나. 단, 주의할 점은 십의 자리에 올 수를 이리저리 바꿔 생각하면 안 된다는 거야. 먼저 1이 십의 자리에 올 경우 만들 수 있는 모든 경우를 생각하고 차례대로 3, 5의 경우를 생각해야 한단다.

수 카드 1이 십의 자리에 온 경우
①③, ①⑤
수 카드 3이 십의 자리에 온 경우
③①, ③⑤
수 카드 5가 십의 자리에 온 경우
⑤①, ⑤③

3장의 수 카드로 만들 수 있는 두 자리 수는 13, 15, 31, 35, 51, 53 여섯 개로구나. 이렇게 순서대로 적으면 헷갈리지 않고 어떤 문제도 풀 수 있지. 문제에서 구하라고 하는 것은 가장 큰 수이니, 답은 53이란다.

답 : 53

덧셈과 뺄셈(1)
덧셈과 뺄셈(2)
덧셈과 뺄셈(3)

> 2학기 2단원
> 2학기 4단원
> 2학기 6단원

| 엄빠가 꼭 알아야 할 개념

1학년 2학기 덧셈·뺄셈에서는 한 자리 수의 덧셈과 뺄셈부터 받아올림이 있는 두 자리 수 덧셈과 뺄셈, 한 자리 수인 세 수의 덧셈과 뺄셈을 배운다. 덧셈·뺄셈을 수월히 하려면 1학기 3단원의 10 가르기·모으기 훈련이 되어 있고, 분산 적기를 할 줄 알아야 한다.

초등 수학의 핵심은 흥미, 개념, 연산이다. 그중 연산이 가장 중요하다. 아무리 흥미가 있고 개념을 이해했어도 연산력이 받쳐 주지 않으면 아이는 금방 좌절한다. 또 흥미와 개념은 연습이 필요하지 않지만, 연산은 연습과 훈련이 필요하다. 따라서 연산이 초등 수학을 좌우한다고 말하고 싶다.

① 덧셈과 뺄셈의 수 확장

연산 훈련은 기능적으로 몸으로 익혀야 하므로 무척 지루하고 고된 싸움이다. 연산 학습시들 풀리면서 싸워보지 않은 엄빠는 없을 것이다. 이 지루하고 고된 연산을 어떻게 하면 조금 더 쉽게 할 수 있을까? 바로 배운 내용에 대한 확장이다. 이미 아는 내용을 토대로 조금씩 확장해 나가는 것이다. 수가 커져도 원리는 같고, 더 어려워지는 것이 아님을 자연스럽게 깨닫게 된다.

🔺 엄빠표 수재 도움활동

덧셈의 확장

▶ **더하는 수 확장**

순서대로 덧셈식을 제시해 주고, 아이가 곧잘 대답한다면 9 + 4 다음에 곧바로 9 + 6을 제시해 보자.

9 + 2 = 11
9 + 3 = 12
9 + 4 = 13
9 + 6 = 15
⋮

▶ **더해지는 수 확장**

순서대로 덧셈식을 제시해 주고, 아이가 곧잘 대답한다면 5 + 8 다음에 곧바로 7 + 8을 제시해 보자.

3 + 8 = 11
4 + 8 = 12
5 + 8 = 13
7 + 8 = 15
⋮

▶ **10씩 확장**

순서대로 덧셈식을 제시해 주고, 아이가 곧잘 대답한다면 29 + 2 다음에 곧바로 49 + 2를 제시해 보자.

9 + 2 = 11
19 + 2 = 21
29 + 2 = 31
49 + 2 = 51
⋮

뺄셈의 확장

▶빼는 수 확장

순서대로 뺄셈식을 제시해 주고, 아이가 곧잘 대답한다면 12 − 5 다음에 곧바로 12 − 7을 제시해 보자.

    12 − 3 = 9
    12 − 4 = 8
    12 − 5 = 7
    12 − 7 = 5
        ⋮

▶빼지는 수 확장

순서대로 뺄셈식을 제시해 주고, 아이가 곧잘 대답한다면 14 − 9 다음에 곧바로 16 − 9를 제시해 보자.

    12 − 9 = 3
    13 − 9 = 4
    14 − 9 = 5
    16 − 9 = 7
        ⋮

② 덧셈과 뺄셈의 관계 이해

같은 상황을 다르게 표현할 수 있는 것을 수학적으로 '역연산 관계'라고 한다. 덧셈과 뺄셈, 곱셈과 나눗셈이 가장 기초적이고, 지수와 로그도 역연산 관계이다. 역연산을 쉽게 설명하자면 계산을 한 결과를 계산하기 전의 수 또는 식으로 돌려보내는 계산이다.

역연산 관계를 이해하기 위해 기본이 되는 개념은 '등호(=)'다. 우선 아이에게 '='의 이름을 물어보자. 학년과 관계없이 "은" 또는 "는"이라고 대답할 것이다. 이어서 무슨 뜻인지 물으면 "정답을 적으라고요."라고 대답한다. 아래 예시를 보자.

    □ + 7 = 12에서 □를 나타내는 수는 무엇일까요?
    □ + 7 = 12   □ = 5

이를 통해 알 수 있듯, 등호(=)의 개념은 '두 개의 대상이 서로 같다'이다. 양팔 저울이 어느 쪽에도 기울어지지 않는 수평을 이룬 상태라고 보면 이해하기 쉽다.

> **엄빠표 수재 질문**
>
> 등호는 어떻게 생겼을까?
>
> 영국의 수학자 레코드가 길이가 같은 평행한 두 선분을 나타낸 모양을 따와 등호(=)로 사용했다고 해. 두 선분으로 왼쪽과 오른쪽이 같다는 뜻을 나타내었다는구나.

덧셈과 뺄셈의 관계를 이해하는 데 수직선을 빼놓을 수 없다. 수직선은 숫자의 크기를 직관적으로 보여주고 눈금을 직접 세어 이동하기 때문에 이해하기도 쉽다. 예를 들어 9 + 5의 경우 9에서 출발하여 오른쪽으로 5만큼 이동하고, 14 - 5의 경우 14에서 출발하여 왼쪽으로 5만큼 이동한다. 이처럼 반대되는 움직임을 통해 덧셈과 뺄셈의 관계를 시각적으로 확인하고 역연산의 개념을 자연스럽게 익힐 수 있다.

- 덧셈식을 뺄셈식으로

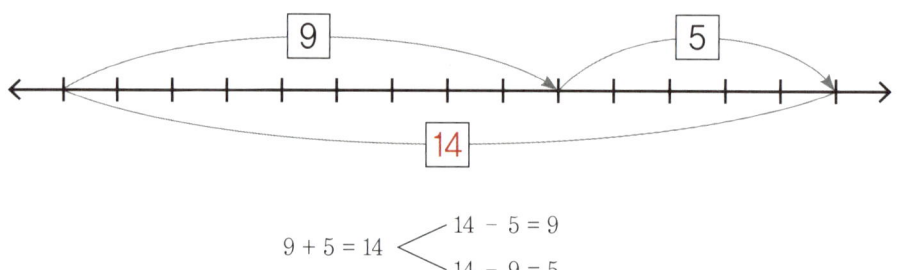

전체에서 부분을 빼면 또 다른 부분이 된다.

• 뺄셈식을 덧셈식으로

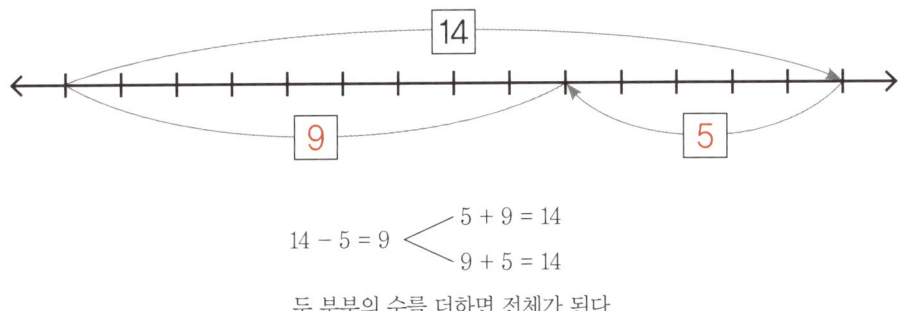

$$14 - 5 = 9 \begin{cases} 5 + 9 = 14 \\ 9 + 5 = 14 \end{cases}$$

두 부분의 수를 더하면 전체가 된다.

③ 덧셈과 뺄셈의 개념 이해

엄빠, 이건 더하라는 거예요, 빼라는 거예요?

서술형 문제를 풀 때, 이런 질문을 받으면 어디부터 설명해야 할지 난감하다. 아이의 국어 능력을 키워 주는 것이 근본적인 해결 방법이나, 해당 식의 종류를 파악하기만 해도 이해를 도울 수 있다.

> **📖 엄빠표 수재 어휘**
>
> **덧셈식과 뺄셈식의 종류**
>
> 덧셈식으로는 병합과 첨가가 있다.
>
> ▶**병합(倂合)** : 나란히 있는 것을 합치다.
> 언니는 사탕을 3개 가지고 있고, 동생은 사탕을 4개 가지고 있을 때, 모아서 합하는 경우이다. 3 + 4 = 7이라고 풀고 "3과 4의 합은 7이다."라고 표현한다.
>
> ▶**첨가(添加)** : 이미 있는 것에 덧붙이거나 보태다.
> 언니가 사탕을 3개 가지고 있을 때, 동생이 사탕을 4개 주어서 언니의 사탕에 더하는 경우이다. 3 + 4 = 7이라고 풀고 "3 더하기 4는 7과 같다."라고 표현한다.

뺄셈식으로는 구잔과 구차가 있다.

▶ **구잔(求殘) : 줄어드는 동적 뺄셈(제거).**
사탕 10개가 있는데 언니가 2개를 먹었을 때, 전체에서 부분을 제외하여 나머지를 구하는 경우이다. 10 - 2 = 8이라고 풀고 "10 빼기 2는 8과 같다."라고 표현한다.

▶ **구차(求差) : 줄어들지 않는 정적 뺄셈(차이).**
언니는 사탕을 10개 가지고 있고 동생은 사탕을 2개 가지고 있을 때, 언니와 동생이 가진 사탕의 차를 구하는 경우이다. 10 - 2 = 8이라고 풀고 "10과 2의 차는 8이다."라고 표현한다.

아이들에게 용어를 알려줄 필요는 없다. 문장제 문제에서 제시하는 덧셈식이 병합 혹은 첨가인지, 뺄셈식이 구잔 혹은 구차인지 상황을 파악할 수 있게 이야기를 나누어 보고 풀면 이해가 한결 수월하다.

l 엄빠가 꼭 알아야 할 문제

 문제 1 민채와 민솔이가 가진 수를 서로 바꾸어 총합을 같게 하려고 합니다. 서로 바꾸어야 하는 두 수를 찾으세요.

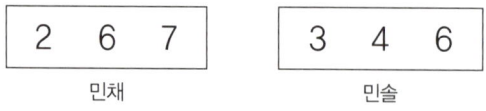

먼저 민채와 민솔이가 가진 세 수의 합을 구해볼까?

민채의 합 : 2 + 6 + 7 = 15

민솔이의 합 : 3 + 4 + 6 = 13

세 수의 덧셈은 더하는 순서와 상관없이 계산 결과는 항상 같아. 다만 한 가지 팁을 주자면 민솔이가 가진 3 + 4 + 6은 순서대로 3 + 4 = 7 먼저 계산하고 7 + 6을 하는 것보다 4 + 6 = 10을 먼저 계산하고 10 + 3을 하는 게 더 쉽단다! 이제 총합이 같은 세 수의 합을 구해볼까?

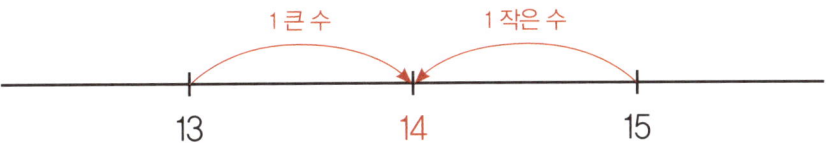

민채와 민솔이의 총합 차는 2이므로 민채는 1 작은 수인 14, 민솔이는 1 큰 수인 14면 같아지는구나! 그럼 세 수 중 어떤 수를 바꾸어야 할까? 민채는 14가 되려면 1이 작아져야 하고, 민솔이는 14가 되려면 1이 커져야 하니 민채의 7과 민솔이의 6을 바꾸면 되겠구나.

민채의 합 : 2 + 6 + 6 = 14
민솔이의 합 : 3 + 4 + 7 = 14

따라서 바꾸어야 하는 두 수는 7과 6이란다.

답 : 7, 6

 문제 2 0부터 9까지의 수 중에서 □ 안에 들어갈 수 있는 수를 모두 구하세요.

$$11 - \square < 14 - 8$$

부등호의 조건에 맞게 수를 찾는 문제구나. 이럴 땐 우선 등식으로 만든 후 들어가는 수를 구한 다음 답을 찾으면 된단다. 해결할 수 있는 오른쪽 식을 풀면 14 − 8 = 6이구나. 그다음 부등호(<)를 등호(=)로 바꾸어 보고 □에 들어갈 수를 찾아보자.

11 − □ = 6

□를 구하기 어렵다면 두 가지로 생각해 볼 수 있어. 첫 번째는 양팔 저울이야.

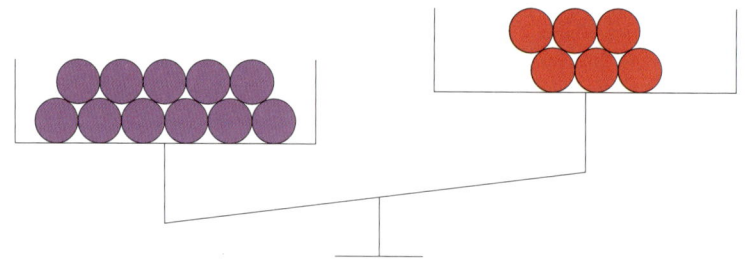

보라색 구슬은 11개, 빨간색 구슬은 6개야. 보라색 구슬 몇 개를 빼야 수평, 즉 왼쪽과 오른쪽이 같아질까? 그렇지! 5개를 빼면 왼쪽과 오른쪽이 같아질 거야. 그래서 □ = 5란다.

두 번째는 수직선이야.

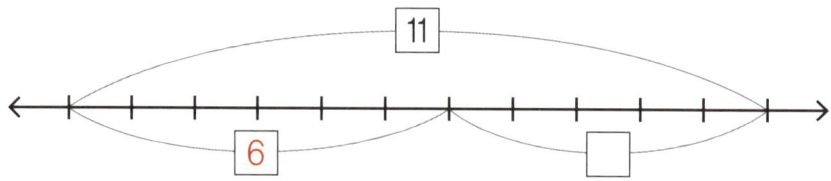

11 − 6 = □, 즉 □ = 5가 되겠지? 그럼 우린 11 − 5 = 6이라는 것도 알 수 있어. 11 − □가 6보다 작으려면 5보다 더 큰 수인 6, 7, 8, 9가 들어갈 수 있겠구나! 양팔 저울 그림의 11개 든 접시에서 5개를 빼면 균형을 이루고, 5개보다 더 많이 빼면 6개 든 접시 쪽으로 기울어 지겠지. 정말 잘 풀었어.

그 외에 이런 문제도 나올 수 있어.

들어갈 수 있는 가장 큰 수는?	답 : 9
들어갈 수 있는 가장 작은 수는?	답 : 6
들어갈 수 있는 수의 개수는?	답 : 4개
들어갈 수 있는 수의 합은?	답 : 30(6+7+8+9)

이런 문제는 문제를 잘 읽고 들어갈 수 있는 수의 범위를 꼭 확인해야 하는 걸 명심하렴.

답 : 6, 7, 8, 9

문제 3 연우가 바구니에 농구공을 7개 넣고 야구공은 농구공보다 8개 더 많이 넣었습니다. 탁구공은 야구공보다 5개 더 적게 넣었다면 탁구공은 몇 개 넣었을까요?

문장이 길어 덧셈으로 구할지 뺄셈으로 구할지 헷갈리는구나. 이 문제는 2단계로 끊어서 풀어야 한단다.

    1단계 : 바구니에 있는 야구공의 개수

        (야구공의 개수) = (농구공의 개수) + 8

                    = 7 + 8 = 15(개)

※ 첨가 의미의 덧셈식

    2단계 : 바구니에 있는 탁구공의 개수

        (탁구공의 개수) = (야구공의 개수) − 5

                    = 15 − 5 = 10(개)

※ 구차 의미의 뺄셈식

긴 문장이라도 상황을 끊어서 보면 쉽게 풀 수 있어.

답 : 10개

2학기 5단원

시계 보기와 규칙 찾기

| 엄빠가 꼭 알아야 할 개념

① 시계 보기

이 단원에서는 몇 시와 몇 시 30분을 배운다. 여기서 강조하고 싶은 것은 아날로그시계 보기 선행이다. 짧은바늘은 시를 나타내고 긴바늘은 분을 나타낸다는 개념을 우선 인지시키고, 1시간은 60분이며 분을 나타내는 숫자가 각각 몇 분을 뜻하는지 익숙해지도록 연습해야 한다. 숫자가 몇 분을 나타내는지는 구구단 5단보다는 덧셈으로 인지시켜 주고, 알아보기 쉽게 시를 나타내는 숫자 옆에 분을 나타내는 숫자를 붙여 주어도 좋다.

선행이 필요한 이유는 2, 3학년으로 올라갈수록 난이도가 급격하게 어려워지는 것도 있지만 평소 아이가 스스로 시간을 확인할 수 있어야 자기 주도 습관이 들기 때문이다.

HELP 엄빠표 수재 도움활동

실생활과 연관지어 생각하기

욕조에서 물이 다 빠져나가는 데 시간이 얼마나 걸릴까?
유튜브는 지금부터 1시간만 보자. 그럼 몇 시에 꺼야 할까?
지금은 오후 3시 30분이야. 내일 아침에 일어나려면 몇 시에 알람을 맞춰 놓아야 할까?

이처럼 시간과 시각을 자연스럽게 인지할 수 있는 질문을 틈틈이 던지면 좋다.

② 규칙 찾기

수학 교육 과정을 크게 보면 수와 연산, 대수학(방정식과 부등식), 해석학(함수), 기하학(도형), 확률과 통계학(경우의 수)으로 나눌 수 있다. 여기에 규칙 찾기는 없지만 초등 1학년부터 5학년 과정에 꾸준히 등장한다. 이후 초등 6학년부터 고등 1학년까지는 다루지 않다가, 고등 2학년 수열에서 갑작스럽게 등장한다.

공백기가 있어 중요하지 않다고 생각할지도 모르지만, 수학의 많은 공식과 법칙은 규칙 찾기에서 시작한다. 규칙을 찾아서 공식이나 법칙을 문자로 나타낼 수 있어야 암기가 아닌 이해가 이루어지기 때문이다. 이런 과정을 수학적 추론 능력이라고 한다. 추측하고, 일반화하고, 왜 그런지 탐구하는 능력이 수학 교육의 목표이기도 하다. 따라서 1학년 때부터 기초를 탄탄히 다져 두어야 한다.

엄빠가 꼭 알아야 할 문제

문제 1 시계가 2시 30분을 가리키고 있습니다. 시계의 짧은바늘은 □와 □ 사이를 가리키고, 긴바늘은 6을 가리킨다고 할 때 □ 안에 각각 들어갈 두 수의 합을 구하세요.

우선 2시를 떠올려 보자. 짧은바늘은 어디에 가 있을까? 옳지, 2에 있겠지. 그리고 긴바늘은 12에 가 있을 거야. 2시 30분이라는 건 2시에서 30분 지났다는 뜻이지. 그럼 긴바늘이 문제에서 말하는 것처럼 12에서 6을 향해 반 바퀴 움직였을 때 짧은바늘은 어디로 움직였을까? 3을 향해 움직였지만, 긴바늘이 반 바퀴만 움직였기 때문에 2와 3 사이에 멈춰 있겠지. 즉, □에 들어갈 두 숫자는 2와 3이니 2 + 3 = 5. 답은 5로구나. 긴바늘이 한 바퀴를 모두 돌아야만 짧은바늘이 한 칸 움직인다는 것만 기억하면 간난한 문제란다.

답 : 5

문제 2 규칙에 따라 빈 곳에 알맞은 모양을 그려보세요.

이 문제는 개수와 색깔의 규칙 두 가지가 숨어 있단다. 우선 개수를 숫자로 적어볼까?

1, 2 / 1, 2 / 1, 2 / 1, □

규칙의 마디를 끊어 보니 1, 2가 반복되는구나. 그럼 □ 차례에 올 개수는 2개라는 걸 알 수 있어. 이제 색깔의 규칙을 알아볼까?

규칙의 마디를 끊어 보니 파랑, 빨강, 보라가 반복되는구나. 그럼 □ 차례에 올 색깔은 빨강이라는 걸 알 수 있어. 정답은 2개이자 빨강인 이란다. 복잡해 보이는 규칙도 마디로 끊으면 쉽게 해결할 수 있지.

Turn 2

2학년
엄빠표 수학

`1학기 1단원`

`2학기 1단원`

세 자리 수
네 자리 수

| 엄빠가 꼭 알아야 할 개념

교과서의 흐름을 크게 분석하면 홀수 학년인 1, 3, 5학년은 기초, 짝수 학년인 2, 4, 6학년은 심화 과정을 익힌다. 또 각 학년마다 1학기는 기초, 2학기는 심화 과정을 배운다. 예를 들면 홀수 학년인 1학년은 받아올림이 없는 두 자리 수의 덧셈과 뺄셈을 배우고, 짝수 학년인 2학년은 받아올림이 있는 두 자리 수의 덧셈과 뺄셈을 공부하는 흐름이 있다. 같은 맥락으로 2학년 1학기는 기본인 세 자리 수를, 2학년 2학기는 심화인 네 자리 수를 배운다.

이 장에서는 세 자리 수와 네 자리 수를 함께 다룬다. 해당 단원은 수의 범위에서 자릿값을 정확히 이해하는 것이 가장 중요하다. 자릿값에 대한 이해가 없으면 덧셈, 뺄셈, 곱셈, 나눗셈을 학습할 때 큰 어려움을 겪는다.

• 자릿값 예시

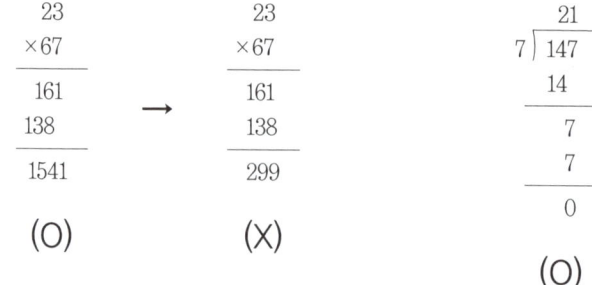

> **엄빠표 수재 질문**
>
> **숫자 0은 왜 중요할까?**
>
> 숫자 사이나 숫자 끝에 0이 있을 때와 없을 때, 수의 양은 완전히 달라진단다. 수의 정확한 값을 알기 위해서 0은 꼭 필요한 숫자지.
> 0은 크게 비다(空), 없다(無), 시작하다(始) 세 가지 뜻이 있어. 숫자 '007'이나 소수 '0.5' 같은 경우 '빈' 자리를 나타내지. 용돈을 다 써서 0원 남았다고 하거나 사탕을 다 먹어서 0개 남았다고 할 때는 '없다', 0, 1, 2, 3, 4…와 같이 커지는 수의 '시작'이라는 의미도 갖는단다.

① 수 읽기

수를 읽을 때 일의 자리 이름은 읽지 않는다.

2436 ─ 이천 사백 삼십 육일 (×)
　　 └ 이천 사백 삼십 육 (○)

'0'이 있는 자리도 읽지 않는다.

2046 ─ 이천 영백 사십 육 (×)
　　 └ 이천 사십 육 (○)

② 수 쓰기

수를 쓸 때 자릿값이 없으면 그 자리에 '0'을 쓴다.

육백오 ─ 605 (○)
　　　└ 65 (×)

엄빠가 꼭 알아야 할 문제

문제1 3장의 숫자 카드를 한 번씩 사용하여 만들 수 있는 세 자리 수는 모두 몇 개인지 구하세요.

| 6 | 2 | 7 |

여러 가지 경우를 차례로 나열해야 풀 수 있는 복잡한 문제구나. 이럴 때는 표를 만들면 풀기 쉽단다. 표에 각 카드의 숫자를 백의 자리, 십의 자리, 일의 자리에 한 번씩 모두 써넣어 보자.

백의 자리	2	2	6	6	7	7
십의 자리	6	7	2	7	2	6
일의 자리	7	6	7	2	6	2

백의 자리에 2가 오는 경우는 267과 276, 백의 자리에 6이 오는 경우는 627과 672, 마지막으로 백의 자리에 7이 오는 경우인 726과 762까지 차례대로 써보자. 문제를 다시 읽어볼까? 모두 몇 개인지 구해야 하는구나. 즉, 정답은 6개야.

그 외에 이런 문제도 나올 수 있어.

가장 큰 수는?	답 : 762
가장 작은 수는?	답 : 267
가장 큰 수와 작은 수의 합은?	답 : 1029
가장 큰 수와 작은 수의 차는?	답 : 495
둘째로 작은 수는?	답 : 276
둘째로 큰 수는?	답 : 726

생각나는 대로 이것저것 쓰면 놓치기 쉽지만, 표에 순서대로 적으니 어떤 문제도 쉽게 해결할 수 있지.

답 : 6개

문제 2 4장의 숫자 카드를 한 번씩 사용하여 세 자리 수를 만들려고 합니다. 만들 수 있는 세 자리 수 중 십의 자리 숫자가 5인 경우를 모두 구하세요.

| 2 | 5 | 7 | 9 |

이 문제도 여러 가지 경우를 차례로 나열해야 하니 표를 만들어 해결하면 쉽겠구나. 단, 십의 자리 숫자가 5인 경우만 구해야 해. 그렇다면 십의 자리 숫자에 5를 먼저 넣어볼까?

백의 자리						
십의 자리	5	5	5	5	5	5
일의 자리						

이제 백의 자리와 일의 자리에 남은 세 장의 카드를 작은 수부터 차례대로 넣어보자.

백의 자리	2	2	7	7	9	9
십의 자리	5	5	5	5	5	5
일의 자리	7	9	2	9	2	7

정답은 257, 259, 752, 759, 952, 957이로구나.

답 : 257, 259, 752, 759, 952, 957

 문제 3 현지가 가게에서 물건을 사면서 천 원짜리 지폐 6장, 백 원짜리 동전 1개, 십 원짜리 동전 5개를 냈습니다. 현지가 낸 돈은 얼마인지 구하세요.

금액을 헤아리는 문제구나. 가게에서 돈을 낸 경험을 떠올려 보렴. 천 원짜리 지폐가 6장이라면 얼마일까? 간단해, 6000원이지. 백 원짜리 동전이 1개면 100원이고, 마지막으로 십 원짜리 동전이 5개면 50원이야. 이걸 자릿값에 맞춰 순서대로 적으면 6150원이 되는구나. 그럼 이걸 어떻게 읽을까? 6000은 육천이라고 읽으면 되지만, 100은 일백이라고 읽을까? 그냥 백이라고 읽으면 되지? 그래서 6150원은 '육천 백 오십 원'이라고 읽는단다.

답 : 6150원

문제 4 준우는 비행기를 접어 날리려고 색종이를 1000장씩 4묶음, 100장씩 14묶음, 10장씩 15묶음, 낱개로 4장 준비했습니다. 준비한 색종이는 모두 몇 장일까요?

네 자리 수가 되니 숫자가 커져서 무척 복잡해 보이는구나. 우선 각 색종이를 숫자로 나타내자. 1000장씩 4묶음은 4000장이지. 그럼 100장씩 14묶음은 몇 장일까? 곧바로 1400장이라고 떠올리기 힘들다면 100장씩 10묶음일 때 1000장, 4묶음일 때 400장임을 따로 생각해서 합해도 좋아. 같은 방법으로 10장씩 15묶음이라면? 10장씩 10묶음일 때 100장, 5묶음일 때 50장을 더해 150장임을 알 수 있구나. 낱개로 4장까지 빠뜨리지 말고 세로셈으로 정리해 보자. 자릿수가 커질 때는 각 자리에 맞춰 바르게 쓰는 게 정말 중요하단다.

1000장	4묶음		4	0	0	0
100장	14묶음	→	1	4	0	0
10장	15묶음			1	5	0
낱개	4장					4
			5	5	5	4

자리에 잘 맞춰 쓰고 쭉 내리면서 각각 합하면 되는구나. 점선을 그리니 줄이 잘 맞춰지네! 4000 + 1400 + 150 + 4 = 5554장이란다.

답 : 5554장

> 1학기 2단원

삼각형, 사각형, 원

| 엄빠가 꼭 알아야 할 개념

1학년 때는 입체도형과 평면도형에 이름을 붙이지 않다가 2학년 때 비로소 삼각형, 사각형, 원이라는 용어와 함께 성질을 배운다. 평면도형의 곧은 선을 변이라고 하며, 두 곧은 선이 만나는 점을 꼭짓점이라고 한다. 평면도형이 아닌 이유를 아이에게 질문하는 과정을 거쳐야 개념이 확실히 잡힌다.

① 삼각형

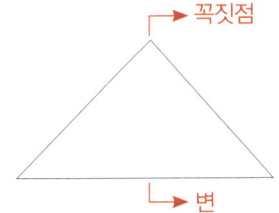

삼각형은 3개의 변으로 둘러싸인 도형이며, 3개의 꼭짓점을 가진다.

- 삼각형이 아닌 이유

	끊어진 부분이 있다.
	변이 교차했다.
	굽은 선이 있다.

53

② 사각형

사각형은 4개의 변으로 둘러싸인 도형이며, 4개의 꼭짓점을 갖는다.

• 사각형이 아닌 이유

	끊어진 부분이 있다.
	변과 꼭짓점이 4개가 아니다.
	굽은 선이 있다.

③ 원

어느 방향에서 봐도 똑같이 동그란 모양이다.

• 원이 아닌 이유

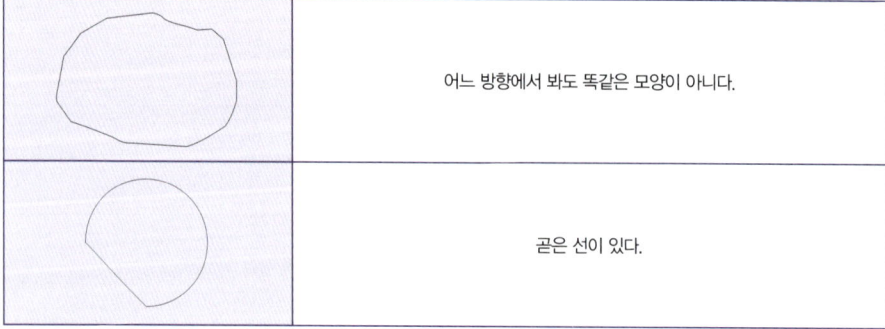

엄빠표 수재 어휘

변

변(邊)이란 가장자리, 곁, 측면이라는 뜻이다. 곧은 선이 삼각형이나 사각형처럼 평평한 도형을 만들면 변, 상자 모양처럼 입체적인 도형을 만들면 모서리라고 부른다. 예를 들면 평면도형인 정사각형은 변이 모여 만들어졌고 입체도형인 상자 모양(정육면체)은 모서리가 모여 만들어진 것이다.

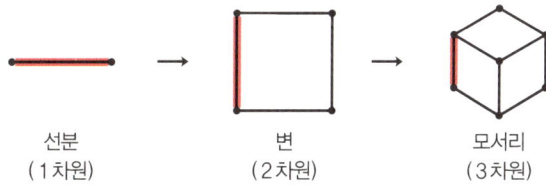

선분　　　　　　변　　　　　모서리
(1차원)　　　　(2차원)　　　(3차원)

타원, 오각형, 육각형

타원(楕圓)이란 말 그대로 길고 둥근 계란 모양의 원이다. 여러 방향에서 반으로 접어보면 서로 겹치지 않는 경우가 있어 타원은 원과 다르다.

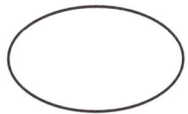

오각형(五角形)은 5개의 변으로 둘러싸인 도형으로 5개의 꼭짓점을 가지고, 육각형(六角形)은 6개의 변으로 둘러싸인 도형이며 6개의 꼭짓점을 가진다. 이처럼 다각형은 변과 꼭짓점이 몇 개냐에 따라 무수히 많은 종류가 있다. 칠각형, 팔각형, 십이각형은 물론이고 몇백 개의 변과 꼭짓점을 가진 다각형도 이론상으로는 존재한다. 그중에서도 오각형과 육각형은 모양이 안정적이고 효율적이어서 다양한 곳에 사용된다. 특히 축구공은 오각형과 육각형을 조합해서 만든다. 완벽한 구 모양보다 다각형을 조합해 만든 공이 세게 차도 모양이 쉽게 변하지 않고, 부드러우면서도 균형감이 있기 때문이다.

엄빠표 수재 도움활동

종이 점판 만들기

점을 찍으며 도형을 그리면 다양한 도형이 있다는 걸 자연스럽게 알게 된다. 10칸 노트에 점을 먼저 찍은 후 반드시 자를 이용해 연결하도록 지도하자. 삼각형(점 3개)에서 사각형(점 4개)으로 확장하며 도형 단원에 익숙해진다.

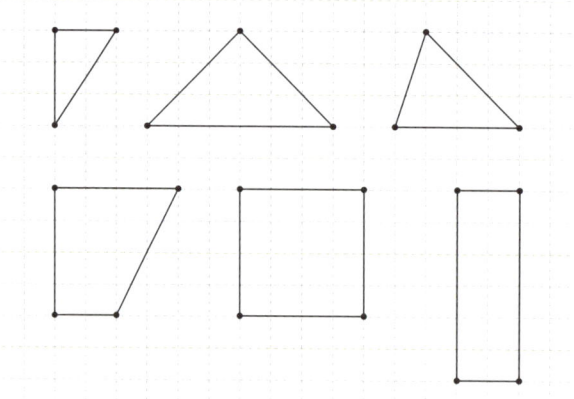

칠교놀이

칠교놀이란 일곱 개의 조각으로 특정 그림을 만들거나 자유롭게 모양을 만드는 활동이다. 삼각형, 사각형, 평행사변형으로만 이루어진 조각으로도 무수히 많은 모양을 만들 수 있고 다양한 도형의 회전이나 이동, 대칭을 자연스럽게 익힐 수 있다.
칠교판의 삼각형과 사각형을 이용해 더 큰 삼각형이나 사각형을 만들어 보도록 하자. 이리저리 돌리고 뒤집고 조합하는 과정에서 도형에 대한 이해가 더욱 깊어질 것이다.

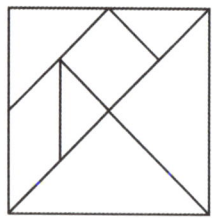

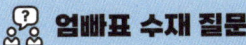 **엄빠표 수재 질문**

점 네 개를 찍어 선을 이었는데 책에서 본 사각형과 달라요.

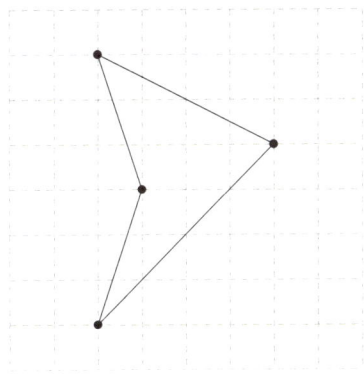

어머! 재밌는 사각형을 만들었구나. 점을 이은 선분이 도형 안을 지나가느라 오목해져서 '오목사각형'이라고 부른단다. 점을 이은 모든 선분이 도형 안을 지나가지 않는 도형은 볼록하니 '볼록사각형'이라고 부르지. 우리가 알고 있는 대부분의 사각형은 볼록사각형이므로 다시 그려보자꾸나.

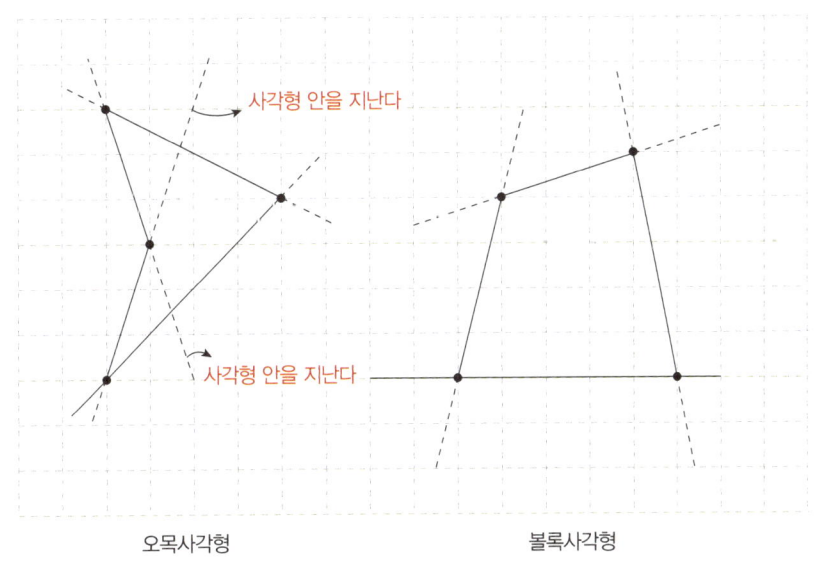

오목사각형   볼록사각형

엄빠가 꼭 알아야 할 문제

 문제 1 두 도형의 꼭짓점 수의 합은 얼마인지 구해보세요.

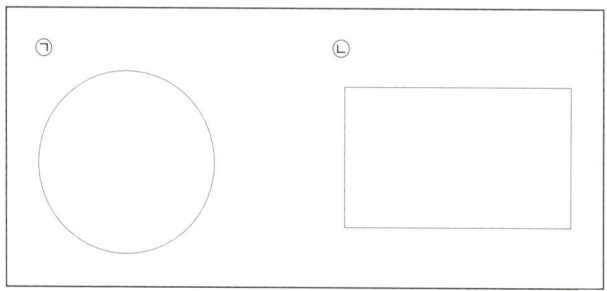

꼭짓점의 수를 세는 문제로구나. 이런 문제는 꼭짓점에 표시를 하면서 세면 좋아. 우리는 동그라미 표시를 할까? 우선 ㉠ 도형을 보자. 꼭짓점은 두 곧은 선이 만나는 곳, 즉 변과 변이 만나는 점이라고 했었지!

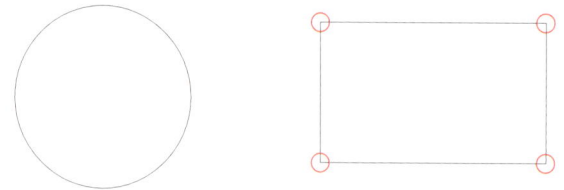

㉠ 도형은 곧은 선이 없어서 꼭짓점도 없구나. 그럼 꼭짓점의 수는 0개야. 이어서 ㉡ 도형의 꼭짓점을 구하자. ㉡ 도형은 4개의 곧은 선, 변을 가지고 있고 꼭짓점도 4개로구나. ㉠ 도형과 ㉡ 도형의 꼭짓점 수의 합은 0 + 4 = 4란다.

답 : 4

1학기 3단원

덧셈과 뺄셈

| 엄빠가 꼭 알아야 할 개념

수학이 재미없어지는 가장 큰 이유는 왜 배워야 하는지, 어디에 써먹을지도 모른 채 의미 없이 문제를 풀기 때문이다. 특히 1학기 3단원 덧셈과 뺄셈은 그런 고민에 빠지기 쉬운 단원이다. 글자 그대로 여러 가지 방법을 동원해 다양한 덧셈과 뺄셈을 연습하는 과정으로, 아이 입장에서는 이미 할 줄 아는 계산을 굳이 복잡한 방법으로 해야 하는 이유를 납득하기 어려운 것이다. 그러다 보니 공교육이나 사교육에서도 그저 답만 맞으면 소홀히 지나가기 일쑤다. 하지만 별타쌤은 정말 중요한 단원 중 하나라고 생각한다. 여러 가지 방법의 덧셈과 뺄셈을 익히면 아이가 고학년이 되어 어려운 문제를 마주해도 스스로 풀이법을 선택하고 다양한 방법으로 해결할 수 있기 때문이다. 요컨대 문제 해결력을 기르는 과정이다.

해당 단원에서 가장 중요한 것은 수의 양적 개념을 바탕으로 한 수의 조합, 분해의 유연성, 즉 수학적 사고의 유연성이다. 또, 등호에 대한 정확한 이해도 필요하다. 수학을 4, 5년간 공부한 학생들에게 등호의 의미를 넓어보면 대부분 '은/는(is)', 즉 답을 내기 위한 도구로만 알고 있다. 이로 인해 발생하는 대표적인 실수로 38 + 22 = □ + 2 + 20과 같은 식을 풀 때가 있다. 으레 등호 옆에 답을 적는 것이라고 여겨서 38 + 22 = 60 + 2 + 20처럼 □ 안에 38 + 22의 결과를 적어버리는 것이다. 등호는 대학 수학 능력 시험 문제 1번에서 30번까지 빠지지 않을 정도로 가장 기초적이고 핵심적인 개념이다. 따라서 등호의 의미가 '은/는(is)'이 아닌 '같다(same)'임을 이해하는 것이 무척 중요하다.

> 📖 **엄빠표 수재 어휘**
>
> **등호**
>
> 등호(等號)는 두 평행선(=) 만큼 같은 것은 있을 수 없다는 의미로 만들어졌다. 등호의 '등'은 '(같은)무리 등', 즉 같다는 것을 나타내는 기호다. 두 값이 같음을 뜻하는 것이다.

등호의 의미를 제대로 이해했다면 문장을 읽고 식으로 표현하는 연습이 필요하다. 아래 예시 문제를 보자.

귤 13개가 있었습니다. 아빠가 몇 개를 더 사 오셔서 모두 20개가 되었습니다. 아빠가 사 오신 귤은 몇 개일까요?

암산이 가능한 문제이므로 7이 바로 나온 아이도 있고 20 − 13 = 7(개)이라는 과정을 거쳐서 푸는 아이도 있을 것이다. 여기서 중요한 것은 정답을 구하는 것이 아니라 풀이 과정을 정확하게 13 + □ = 20(개)이라고 쓰는 활동이다. 문장을 식으로 나타내는 훈련이 되어야 여러 가지 방법으로 덧셈을 할 수 있다. 덧셈의 세 가지 유형을 17 + 38을 예로 알아보자.

① 같은 자리 수끼리 더하기

$$17 + 38 = 55$$

$$40 \quad 15$$
$$55$$

$$17 + 38 = 10 + 7 + 30 + 8$$
$$= 10 + 30 + 7 + 8$$
$$= 40 + 15$$
$$= 55$$

각각의 수를 십의 자리와 일의 자리로 갈라 생각한다. 7 + 8처럼 받아올림이 필요한 부분도 간단히 계산할 수 있다.

② 가르기

• 앞의 수 가르기

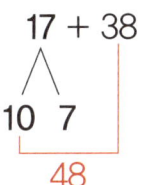

$$17 + 38 = 10 + 7 + 38$$
$$= 10 + 38 + 7$$
$$= 48 + 7$$
$$= 55$$

• 뒤의 수 가르기

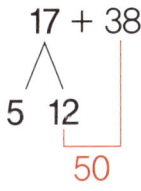

$$17 + 38 = 17 + 30 + 8$$
$$= 47 + 8$$
$$= 55$$

앞의 수나 뒤의 수를 십의 자리와 일의 자리로 가른 후 십의 자리를 먼저 계산한다.

• 앞의 수를 더해서 몇십이 되는 수로 가르기

```
 17 + 38
 ∧
5  12
   └─50─┘
```

$$17 + 38 = 5 + 12 + 38$$
$$= 5 + 50$$
$$= 55$$

```
 17 + 38
 ∧
15  2
    └─40─┘
```

$$17 + 38 = 15 + 2 + 38$$
$$= 15 + 40$$
$$= 55$$

38과 더했을 때 몇십으로 떨어질 수 있게 앞의 수를 가르기 한다. 이 경우 17을 5와 12로 가르기 하여 5 + 50으로 계산하거나, 15와 2로 가르기 하여 15 + 40으로 계산할 수 있다.

• 뒤의 수를 더해서 몇십이 되는 수로 가르기

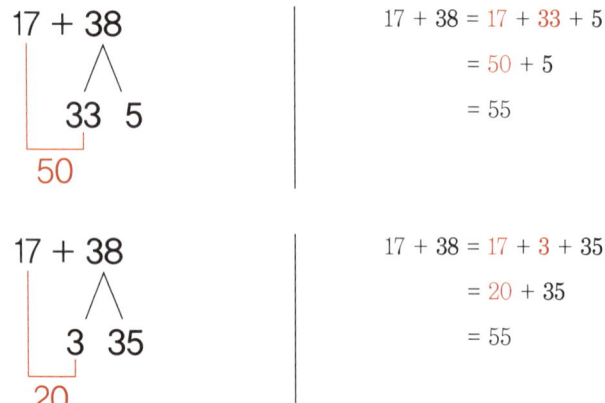

17과 더했을 때 몇십으로 떨어질 수 있게 뒤의 수를 여러 가지 방법으로 가르기 한다.

③ 더했다 빼기

• 앞의 수를 많이 더했다 다시 빼기

```
   17 + 38
   /\
 20 - 3
   58
```

$17 + 38 = 20 + 38 - 3$
$\qquad\quad\ = 58 - 3$
$\qquad\quad\ = 55$

계산하기 쉽도록 17에 3을 더해 20으로 만들어 먼저 계산한다. 그 뒤 더했던 3을 도로 뺀다.

• 뒤의 수를 많이 더했다 다시 빼기

```
  17 + 38
       /\
     40 - 2
       57
```

$17 + 38 = 17 + 40 - 2$
$\qquad\quad\ = 57 - 2$
$\qquad\quad\ = 55$

계산하기 쉽도록 38에 2를 더해 40으로 만들어 먼저 계산한다. 그 뒤 더했던 2를 도로 뺀다.

> **엄빠표 수재 질문**
>
> 왜 몇십으로 떨어지게 만들어 계산하라고 할까?
>
> 우리가 물건의 개수를 셀 때 손가락을 함께 접곤 하지? 양손을 펼쳐 보렴. 손가락이 모두 10개라는 걸 알 수 있어. 그래서 사람들은 10을 한 묶음으로 두고 헤아리는 방법을 가장 많이 사용하게 되었고, 이 방법을 10진법이라고 한단다. 10개를 한 묶음으로 기준 삼으면 나머지를 헤아리기 훨씬 쉬워. 또, 자연스럽게 10묶음마다 자릿수를 하나씩 높여 큰 수를 표현하기도 수월하지.

이어서 뺄셈의 세 가지 유형을 62 − 27을 예로 알아보자.

① 가르기

- 앞의 수 가르기

$$62 - 27 = 60 - 27 + 2$$
$$= 33 + 2$$
$$= 35$$

- 뒤의 수 가르기

$$62 - 27 = 62 - 20 - 7$$
$$= 42 - 7$$
$$= 35$$

앞의 수나 뒤의 수를 십의 자리와 일의 자리로 가른다. 십의 자리 수에 뒤의 수를 먼저 빼고 나머지 수를 더해주거나, 앞의 수에 십의 자리 수를 먼저 빼고 나머지 수를 마저 빼면 된다. 여기서 주의해야 할 점은, 뺄셈은 덧셈과 달리 계산 순서가 바뀌면 결과도 달라진다는 것이다. 계산 순서를 잘 보고 바르게 풀 수 있도록 지도하자.

② 일의 자리 숫자를 같게 하기

• 두 수의 일의 자리를 앞의 수와 같게 하기

```
62 - 27         62 - 27 = 62 - 22 - 5
    ∧                  = 40 - 5
   22 5                = 35
   40
```

62와 계산한 값이 몇십으로 떨어지도록 27의 일의 자리를 2로 만들어야 한다. 27을 22와 5로 가르기 하고, 일의 자리 수가 같은 62 - 22를 먼저 계산해 40으로 만든 뒤 나머지 5를 뺀다.

• 두 수의 일의 자리를 뒤의 수와 같게 하기

```
  62 - 27          62 - 27 = 67 - 27 - 5
  ∧                       = 40 - 5
67 - 5                    = 35
  40
```

27과 일의 자리가 같도록 62를 67로 만든 후 도로 5를 빼 몇십이 되도록 계산한다. 62를 57 + 5로 가르기 하지 않는 것은 67 - 27 - 5로 뺄셈이 이어지게 하기 위해서다. 뺀 만큼 더하는 경우는 다음 유형에서 다룬다.

③ 뺐다 더하기

• 몇십으로 만들어 빼고 더하기

```
62 - 27           62 - 27 = 62 - 30 + 3
    ∧                    = 32 + 3
   30 + 3                = 35
   32
```

27은 빼는 수이므로 30으로 만들었다는 것은 곧 3만큼 더 뺀다는 뜻이다. 62 - 30을 먼저 계산한 뒤 더 뺀 값 3을 도로 더한다.

🆘 엄빠표 수재 도움활동

'□가 되려면!' 게임

수의 분해와 합성이 어렵거나 수의 양적인 개념이 잡히지 않은 경우 아이가 이해하기 힘들 수 있다. 이런 경우는 가르기와 모으기 게임을 통해 이해를 돕는다.

엄빠 : 20이 되려면?
엄빠 : 3!   아이 : 17!

아이 : 19가 되려면?
아이 : 20!   엄빠 : 빼기 1!

수의 양적 개념을 헷갈린다면 수 막대를 가지고 실제로 더하고 빼는 활동을 추천한다. 수 막대가 없다면 10칸 노트로 연습해도 좋다.

| 엄빠가 꼭 알아야 할 문제

 문제 1 □가 26일 때 ○의 값을 구하세요.

$$□ + □ = △$$
$$△ - 32 = ○$$

□가 26이라는 것을 식으로 어떻게 쓸까? □ = 26. 그래, 멋지게 잘 썼다. □ = 26은 □가 26과 같다는 뜻이지. 즉, □ 대신 26을 쓸 수 있다는 거야. 위의 식에 넣어보면 26 + 26 = △, △는 52로구나! △ 자리에 52를 넣으면 52 - 32 = ○. 아하! ○ = 20이겠구나!

답 : 20

문제 2 [보기]와 같은 방법으로 계산해 빈칸을 채우세요.

```
[보기]   28 + 19
       = 30 + 19 − 2
       = 49 − 2 = 47
```

```
69 + 27
= ㉠ + 27 − 1
= ㉡ − 1 = ㉢
```

[보기]를 보면 28을 30으로 빵빵하게 채워서 계산하기 쉽게 했구나. 그리고 '2를 빌려줘서 고마워, 다시 돌려줄게.' 하고 계산식을 완성했네. 이제 문제를 보고 69도 빵빵하게 채워주자. 두 번째 줄을 보면 27 뒤에 1을 뺐지? 그럼 69에 1을 더해 70으로 만들었다는 뜻이겠구나. 빈칸 ㉠을 채웠으니 이후는 순서대로 계산하면 돼. 70 + 27은 97, 97 − 1은? 그렇지, 96이란다.

   69 + 27
 = 70 + 27 − 1
 = 97 − 1 = 96

답 : ㉠ = 70, ㉡ = 97, ㉢ = 96

 문제 3 46 + 28을 각각 십의 자리와 일의 자리를 나누어 계산해 보세요.

```
46 + 28 = 40 + 6 + 20 + 8
        = 40 + ㉠ + 6 + 8
        = ㉡ + 14
        = ㉢
```

십의 자리 수끼리, 일의 자리 수끼리 자리를 옮기고 끼리끼리 더해주자.

   46 + 28 = 40 + 6 + 20 + 8
          = 40 + 20 + 6 + 8
          = 60 + 14
          = 74

답 : ㉠ = 20, ㉡ = 60, ㉢ = 74

문제 4 빈칸에 알맞은 수를 넣으세요.

```
  ㉠ 7
- 2 ㉡
─────
  5 9
```

일의 자리 7에서 어떤 수를 뺐는데 오히려 수가 더 큰 9가 되었다니, 이게 무슨 일이지? 그래, 17에서 8을 뺀 거라면 가능하구나! 이걸 식으로 멋지게 적어보자.

17 − ㉡ = 9

㉡의 값이 생각이 잘 나지 않으면 수직선으로 생각해 보자.

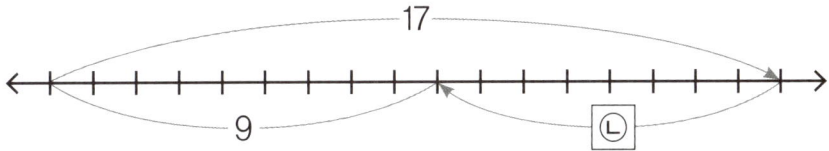

17에서 ㉡ 만큼 되돌아오니 9가 되었구나! 즉, 일의 자리 ㉡은 8이로구나. 그다음 십의 자리 ㉠은 어떻게 구하지? 일의 자리에 10을 빌려주지 않았다면 ㉠ − 2 = 5, ㉠ = 7이었겠지만 일의 자리에 10을 빌려주었으니 8이겠구나. 빈칸에 들어갈 수를 모두 찾았으니 옳은 답인지 다시 확인해 보는 것도 잊지 마.

```
  8 7
- 2 8
─────
  5 9
```

답 : ㉠ = 8, ㉡ = 8

`1학기 4단원`

`2학기 3단원`

길이 재기

| 엄빠가 꼭 알아야 할 개념

초등 수학은 '수와 연산', '도형', '측정', '규칙성', '확률과 통계' 5가지 영역으로 크게 나눌 수 있다. 이 중 실생활에서 반드시 접할 수 있도록 연습하고 도와주어야 하는 영역이 측정이다. 길이 재기 단원에서 1cm는 자로 잴 수 있으나 1m를 어림하는 것은 매우 어렵다. 반드시 줄자를 사서 1m 이상을 재어보고 가늠하게 해야 한다. 그래야 적절한 단위를 학습하고 1m가 100cm라는 것을 암기하지 않고 자연스럽게 이해할 수 있다.

> ### 엄빠표 수재 질문
>
> #### 길이의 또 다른 이름은 뭘까?
>
> 길이는 어떤 물건의 한끝에서 다른 끝까지 거리를 말해. 길이의 또 다른 이름을 생각해 볼까?
>
> 어떤 물건의 바닥에서 꼭대기까지의 길이는 무엇이라고 부를까?
> 높이! 높이는 "높다, 낮다"라고 하지!
>
> 물건이나 장소가 떨어져 있을 때 길이는 무엇이라고 부를까?
> 거리! 거리는 "멀다, 가깝다"라고 하지!
>
> 사람이나 동식물이 바로 섰을 때 발바닥에서 머리끝까지 몸의 길이는 무엇이라고 부를까?
> 키! 키는 "크다, 작다"라고 한단다.

📖 엄빠표 수재 어휘

미터법

옛날에는 나라마다 사용하는 언어가 다르듯이 길이를 측정하는 단위도 달랐다. 고대 이집트는 '큐빗(cubit)', 영국에서는 '인치(inch)'나 '피트(feet)', 프랑스에서는 '피에(pied)', 중국·일본·우리나라는 '자(尺)', '치(寸)'라는 단위를 사용했다. 이렇게 서로 다른 단위를 사용하다 보니 나라 간 무역이 불편해져 길이의 단위를 통일한 것이 미터법이다. 미터(m)는 그리스어로 '재다'라는 의미를 담고 있다. 그와 동시에 무게는 킬로그램(kg), 부피는 리터(L)를 기본으로 해서 길이, 무게, 부피의 단위 체계를 통일했다. 미터 단위 하나로는 크고 작은 단위를 재기 불편하여 그리스어와 라틴어에서 따온 밀리미터(mm), 센티미터(cm), 킬로미터(km)를 만들었다.

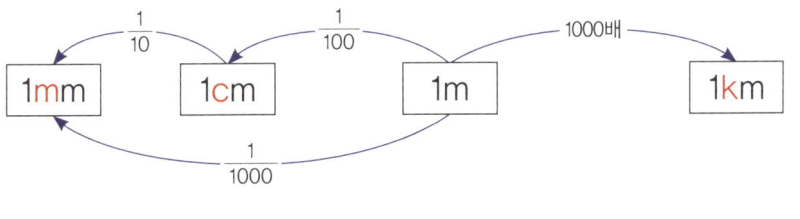

| 엄빠가 꼭 알아야 할 문제

 문제 1 빈칸에 알맞은 수를 넣으세요.

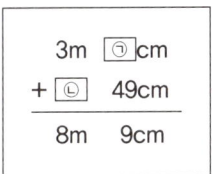

길이의 합에서 모르는 수를 구하는 문제구나. 어떻게 구하면 좋을까? cm는 cm끼리, m는 m끼리 계산하면 되겠지? 우선 cm끼리 더해서 ㉠에 알맞은 수를 구해보자. ㉠ + 49 = 9라

는 건 실제로는 109를 뜻하겠구나. ㉠ + 49 = 109를 뺄셈으로 바꾸면 109 − 49 = ㉠. ㉠ = 60(cm)이겠지. 이제 m끼리 더해서 ㉡에 들어갈 알맞은 수를 구해보자. 3 + ㉡ = 8, 그럼 ㉡ = 8 − 3 = 5일까? 참, cm에서 받아올림 한 1m를 생각해야겠지! 1 + 3 + ㉡ = 8은 곧 4 + ㉡ = 8로 정리할 수 있어. 즉, ㉡ = 4(m)란다.

빈칸에 들어갈 수를 모두 찾았으니 옳은 답인지 다시 확인해 보는 것도 잊지 마.

```
      1
    3m  60 cm
+   4 m  49cm
  ─────────────
    8m   9cm
```

답 : ㉠ = 60, ㉡ = 4

문제 2 빈칸에 알맞은 수를 넣으세요.

```
     ㉡m  70cm
  −  3m   ㉠ cm
  ─────────────
     2m   80cm
```

우선 ㉠을 구하자. 70에서 ㉠을 뺐는데 수가 더 커져 80이 되었다니, 무슨 의미일까? 아하! 70에서 ㉠을 뺄 수 없어서 m에서 받아내림을 했다는 뜻이구나. 1m, 즉 100cm를 받아내림 하면 170 − ㉠ = 80 ⇒ 170 − 80 = ㉠이야. 따라서 ㉠ = 90이지. 이어서 ㉡을 구하자. ㉡ − 3 = 2. 그렇다면 ㉡은 5일까? 잠깐, 아까 받아내림을 해서 ㉡에서 1을 뺐겠구나! ㉡ − 1 − 3 = 2 ⇒ ㉡ − 4 = 2. ㉡ = 6이란다.

빈칸에 들어갈 수를 모두 찾았으니 옳은 답인지 다시 확인해 보는 것도 잊지 마.

```
     5    100
    6̸m   70cm
−   3m   90 cm
  ─────────────
    2m   80cm
```

답 : ㉠ = 90, ㉡ = 6

문제 3 길이가 3m 18cm인 색 테이프 2장을 그림과 같이 30cm만큼 겹치게 이어 붙였습니다. 이어 붙인 색 테이프의 전체 길이는 몇 m 몇 cm인지 구하세요.

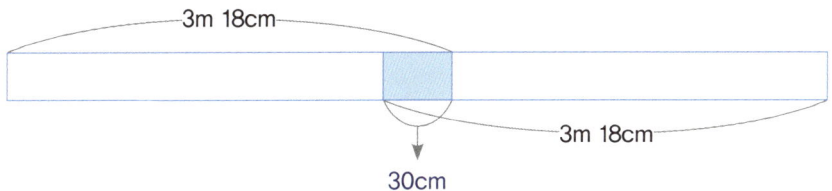

이어 붙인 색 테이프 전체의 길이를 구하는 문제구나. 이 문제를 푸는 방법은 3가지나 있단다. 첫 번째 방법은 전체 길이에서 겹친 부분만큼 빼는 거야. 만약 색 테이프를 겹치지 않았다면 2장의 길이의 합은 3m 18cm + 3m 18cm = 6m 36cm겠지. 하지만 겹치면 그 길이만큼 짧아진단다.

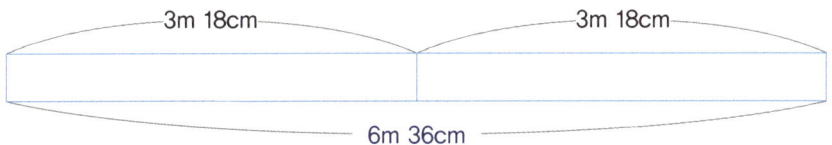

예를 들어 10cm 볼펜 두 개를 겹치지 않고 이어 붙였다면 10 + 10 = 20(cm)이겠지만, 2cm를 겹쳐서 이었다면 20 − 2 = 18(cm)인 것과 같단다.

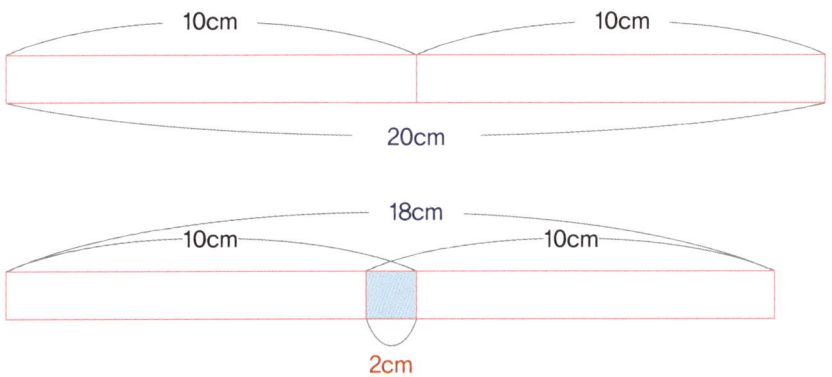

즉, (이어 붙인 색 테이프 전체 길이) = (2장 길이의 합) − (겹친 부분의 길이) = 6m 36cm − 30cm = 6m 6cm가 되지.

두 번째 방법은 ①을 먼저 구하고 ②를 더하는 거야. ①은 어떻게 구할까? 원래 색 테이프 길이에서 겹친 길이를 **빼면** 3m 18cm - 30cm = 2m 88cm가 되겠구나. ②는 원래 길이인 3m 18cm이니 전체 길이는 ① + ② = 2m 88cm + 3m 18cm = 6m 6cm란다.

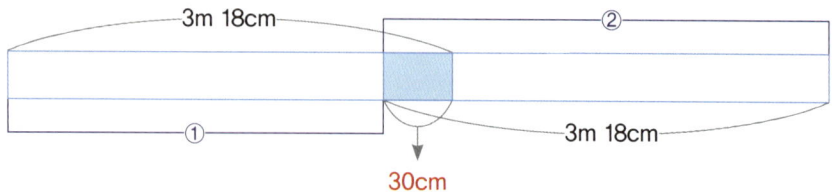

마지막 방법은 ①을 먼저 구하고 ②를 더하는 거야. ①은 원래 길이인 3m 18cm이고, ②는 원래 색 테이프 길이에서 겹친 길이를 **빼면** 3m 18cm - 30cm = 2m 88cm가 되겠구나. 전체 길이는 ① + ② = 3m 18cm + 2m 88cm = 6m 6cm란다.

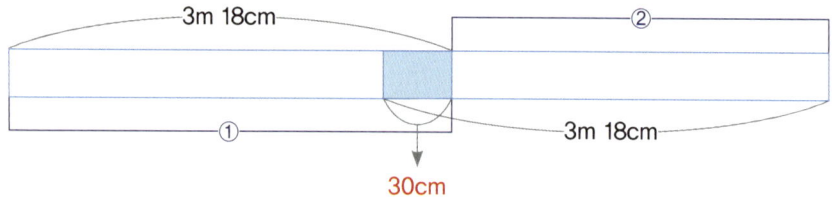

답 : 6m 6cm

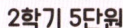

1학기 5단원

2학기 5단원

분류하기
표와 그래프

| 엄빠가 꼭 알아야 할 개념

2학년 1학기 5단원에서 자료를 보고 공통점을 찾아 분류하고, 2학기에는 그것을 바탕으로 표와 그래프를 작성한다. 언뜻 보면 쉬어가는 단원 같아 보이지만 분류하는 기준을 명확히 이해하고 표와 그래프로 나타낸 것을 보면서 필요한 정보를 파악할 수 있도록 연습해야 한다. 어느 영역이든 마찬가지만 학년이 높아질수록 배우는 범위가 더 넓어지고 많아져서 이때 개념을 잡고 원리를 잘 이해해야 한다.

학기	단원
2학년 1학기	5. 분류하기
2학년 2학기	5. 표와 그래프
3학년 2학기	6. 자료의 정리
4학년 1학기	5. 막대그래프
4학년 2학기	5. 꺾은선 그래프
5학년 2학기	6. 평균과 가능성
6학년 1학기	5. 여러 가지 그래프

엄빠표 수재 질문

표는 왜 필요할까?

조사를 아무리 잘해도 조사한 자료가 중구난방이라면 보는 사람이 이해하기 어렵겠지? 표는 조사한 자료를 알아보기 쉽게 정리하는 방법 중 하나야. 조사한 내용을 빠뜨리지 않고 한눈에 볼 수 있어서 내용을 금방 이해할 수 있어.
특히 표에서 가장 중요한 것은 가로와 세로란다. 자료의 종류와 수를 나타내기 때문이지.

그래프는 왜 필요할까?

조사한 자료를 표로 정리하면 비교하거나 이해하기 쉽지만, 자료 수가 많아질수록 어려울 거야. 그래서 자료의 양, 변화, 관계를 이해하기 쉽도록 점, 직선, 곡선, 막대, 그림 등 다양한 방법으로 나타낸 것이란다.

엄빠표 수재 어휘

가로와 세로

가로는 왼쪽에서 오른쪽으로 나 있는 방향(—), 세로는 위에서 아래로 나 있는 방향(|)을 말한다. 하지만 막상 교과서에서 글자만 보면 모양이 헷갈릴 때가 있다. 이런 경우 아이에게 암기법을 알려주자. '가로'라는 글자에서 앞 글자인 '가'만 떠올려 본다.

가로 방향

'세로'라는 글자에서 앞 글자인 '세'만 떠올려 본다.

세로 방향

각 글자 마지막 획의 방향을 보면 쉽게 떠올릴 수 있다. 또, 세로는 '세'워져 있다고 생각해도 좋다. 나만의 암기법을 만들어 보도록 지도하자.

엄빠가 꼭 알아야 할 문제

 문제 1 지우네 반 학생들이 좋아하는 동물을 조사하여 나타낸 것입니다. 가장 많은 학생이 좋아하는 동물의 학생 수와 가장 적은 학생들이 좋아하는 동물의 학생 수의 차는 몇 명인지 구하세요.

〈학생들이 좋아하는 동물〉

지우	토끼	다솔	강아지	지법	토끼	도경	강아지	하원	사자
준우	고양이	시현	토끼	예준	강아지	가영	토끼	효림	사자
하준	코끼리	민솔	코끼리	하연	곰	시우	사자	주원	고양이
수형	토끼	건희	강아지	다인	고양이	태린	코끼리	우림	토끼

조사한 자료만 보면 고양이를 좋아하는 학생이 몇 명인지, 가장 많은 학생이 좋아하는 동물이 무엇인지 금방 알 수 없구나. 이 자료를 정리해서 알아보기 쉽게 표로 나타내 볼까? 표를 만들면 자료를 빠트리는 일도 없고 일일이 세지 않아도 된단다. 헷갈리지 않게 동물마다 ○, △, □, × 등 기호를 옆에 쓰면서 세어보자.

단! 주의할 점이 두 가지 있어. 첫 번째, 자료의 글씨가 잘 보이게 작은 기호를 오른쪽에 표시해야 해. 그래야 나중에 답이 옳은지 확인하기 쉽단다. 이때 동물별로 표시하면 실수를 줄일 수 있어. 토끼 먼저 꼼꼼하게 찾아 표시히고 이어서 고양이, 코끼리 등 다른 동물들도 차례로 표시하자.

지우	토끼 ○
준우	고양이 △

두 번째, 조사한 자료와 내가 그린 표의 합계가 일치하는지 확인해야 해. 그래야 세다가 빠뜨리거나 계산하다 실수하는 일을 줄일 수 있단다. 아래 완성한 표를 보자.

<학생들이 좋아하는 동물>

동물	토끼(○)	고양이(△)	코끼리(□)	강아지(×)	곰(☆)	사자(♡)	합계
학생 수(명)	6	3	3	4	1	3	20

조사한 자료의 합계는 5명씩 4줄, 즉 5 × 4 = 20(명)이구나. 표에 적은 수의 합계는 6 + 3 + 3 + 4 + 1 + 3 = 20(명)이니, 값이 일치하네.

이렇게 표로 나타내니 학생들이 모두 6종류의 동물을 좋아하는 것과 동물별로 좋아하는 학생 수, 가장 많은 학생들이 좋아하는 동물의 수, 가장 적은 학생들이 좋아하는 동물의 수 등을 쉽게 알 수 있지.

가장 많은 학생들이 좋아하는 동물의 학생 수는 토끼를 좋아하는 6명, 가장 적은 학생들이 좋아하는 동물의 학생 수는 곰을 좋아하는 1명. 학생 수의 차는 6 - 1 = 5(명)구나.

답 : 5명

문제 2 연우네 반 학생 25명이 좋아하는 동물을 조사하여 나타낸 표입니다. 토끼를 좋아하는 학생은 곰을 좋아하는 학생 수보다 3명 적습니다. 돌고래를 좋아하는 학생의 수를 구하세요.

동물	강아지	곰	고양이	토끼	돌고래	합계
학생 수(명)	7	6	5			25

문제가 길고 구해야 하는 것이 두 개나 있어 어려워 보이는구나! 우선 구하려는 것이 무엇인지 볼까? 그래, 돌고래를 좋아하는 학생은 몇 명인지 구해야 하지? 표만 봐서는 돌고래를 좋아하는 학생이 몇 명인지 한 번에 알 수 없구나. 우선 토끼를 좋아하는 학생 수를 구해야겠다.

(토끼를 좋아하는 학생 수) = (곰을 좋아하는 학생 수) − 3
= 6 − 3 = 3(명)

토끼를 좋아하는 학생은 3명이야. 구한 값을 표의 빈칸에 적어보자. 이제 돌고래를 좋아하는 학생 수를 구할 수 있겠지? 전체 학생 수에서 강아지, 곰, 고양이, 토끼를 좋아하는 학생 수를 모두 빼면 돼.

(돌고래를 좋아하는 학생 수) = (전체 학생 수) − 7 − 6 − 5 − 3
= 25 − 7 − 6 − 5 − 3 = 4(명)

돌고래를 좋아하는 학생은 모두 4명이구나. 이렇게 하나하나 빼도 되지만, 돌고래를 좋아하는 학생 수를 제외하고 모두 합한 다음 전체 학생 수에서 빼도 된단다.

(돌고래를 좋아하는 학생 수) = (전체 학생 수) − (7 + 6 + 5 + 3)
= 25 − 21 = 4(명)

답 : 4명

1학기 6단원

2학기 2단원

곱셈
곱셈구구

| 엄빠가 꼭 알아야 할 개념

별타쌤 유튜브 채널 첫 번째 영상은 '구구단 암기가 수포자를 만든다'이다. 구구단과 곱셈의 의미를 제대로 알지 못한 채, 노래나 게임으로 암기하는 것이 개념 이해 없는 수학의 시작이다. 구구단과 곱셈의 의미는 교과단원에 고스란히 나타난다. 2학년 1학기에 곱셈을 배우고, 2학기에 곱셈구구를 배운다. 이유는 곱셈의 원리를 충분히 이해하고 곱셈구구(구구단)를 암기해야 하기 때문이다.

그렇다면 곱셈의 원리는 무엇일까? 곱셈의 곱은 '거듭하다', 셈은 '더하다'를 뜻한다. 즉 '거듭해서 더하다(동수누가 : 同數累加)'이다.

○ ○ ○ ○ ○

○ ○ ○ ○ ○

○ ○ ○ ○ ○

원의 개수를 덧셈식으로 나타내면 $5 + 5 + 5 = 15$(개). 이처럼 반복적인 덧셈을 간단히 표현하기 위해 $5 \times 3 = 15$라는 곱셈식으로 나타내는 것이다. 이와 같은 방법으로 5단의 덧셈과 곱셈의 관계를 살펴보자.

5 = 5	⇒	5 × 1 = 5
5 + 5 = 10	⇒	5 × 2 = 10
5 + 5 + 5 = 15	⇒	5 × 3 = 15
5 + 5 + 5 + 5 = 20	⇒	5 × 4 = 20
5 + 5 + 5 + 5 + 5 = 25	⇒	5 × 5 = 25
5 + 5 + 5 + 5 + 5 + 5 = 30	⇒	5 × 6 = 30
5 + 5 + 5 + 5 + 5 + 5 + 5 = 10	⇒	5 × 7 = 35
5 + 5 + 5 + 5 + 5 + 5 + 5 + 5 = 40	⇒	5 × 8 = 40
5 + 5 + 5 + 5 + 5 + 5 + 5 + 5 + 5 = 45	⇒	5 × 9 = 45

5씩 묶어 세는 것도 5씩 뛰어 세기, 즉 구구단 5단과 같다.

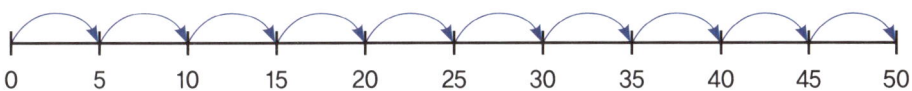

엄빠표 수재 질문

'배'는 무슨 뜻일까?

곱셈은 순수 우리말이고 이를 한자로 배(倍)라고 써. 배는 일정한 수나 양이 그 수만큼 거듭된다는 뜻이란다. 예를 들어 6의 3배는 6씩 3묶음, 6을 3번 반복해서 더했다는 뜻이지.

구구단의 유래가 궁금해요.

1단부터 9단까지의 곱셈구구를 구구단이라고 해. 구구단은 중국에서 만들어졌고 우리나라에는 고려시대 때 들어왔어. 그런데 구구단은 2×1(이일)부터 시작하는데 어째서 이일단이 아닌 마지막에 오는 구구(9×9)단으로 부르게 되었을까?
옛날 중국이나 우리나라에서 구구단이 필요한 사람은 대개 양반이나 부유한 계층이었어. 그런데 평민이나 천민이 알지 못하도록 일부러 어려운 9단부터 거꾸로 외웠대. 그래서 구구단이라는 이름이 생겨났다는구나. 그 시절 평민들은 "9 × 9 = 81, 9 × 8 = 72…." 하고 구구단을 외는 양반들을 보고 도대체 뭐라고 하는지 몰라 고개를 갸웃거렸겠지?

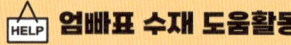 **엄빠표 수재 도움활동**

구구단 개념 이해하면서 자연스럽게 암기하기

활동하기 전에 10칸 공책에 미리 단을 표시한다. 0단은 쓰지 않고 말로 읊는 것으로 충분하니 열은 1단부터 10단까지 표시하고, 행은 10까지 적어도 되지만 사용하는 공책에 맞춰서 숫자를 적는 걸 추천한다(예를 들어 14줄짜리 공책이라면 14까지 빈틈없이 쓴다). 활동에 따라서 여러 장을 만들어야 할 수 있다.

	1	2	3	4	5	6	7	8	9	10
1										
2										
3										
4										
5										
6										
7										
8										
9										
10										
11										
12										
13										
14										

구구단을 입으로 소리내어 읽으며 순서대로 쓰게 한다. 이때 세로로 적으며 빠트리거나 틀린 셈이 없는지 주의하도록 지도하자.

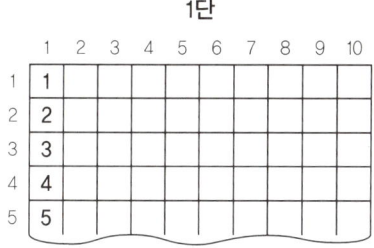

칸을 구구단으로 빈틈없이 채웠다면 색연필 등으로 색칠하며 세로로 읽게 한다.

어느 정도 연습이 되었다면 한 장에 한 단만 적으며 넘긴다. 첫 페이지에 1단, 두 번째 페이지에 2단, 세 번째 페이지에 3단…순으로 이어가자. 제법 능숙해졌다면 순서를 변칙적으로 바꾸어 연습해도 좋다.

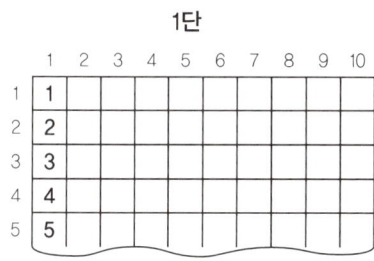

구구단의 비밀

구구단에는 숨겨진 규칙이 있다. 숫자 간의 관계를 파악할 수 있고 수학적 사고력을 높이는 중요한 학습 과정이니 함께 이야기 나누어 보는 것을 추천한다.

▶**십의 자리와 일의 자리의 비밀 : 3단, 6단, 9단**

```
3 × 1 = 3         0 + 3 = 3
3 × 2 = 6         0 + 6 = 6
3 × 3 = 9         0 + 9 = 9
3 × 4 = 12        1 + 2 = 3
3 × 5 = 15   ⇨    1 + 5 = 6
3 × 6 = 18        1 + 8 = 9
3 × 7 = 21        2 + 1 = 3
3 × 8 = 24        2 + 4 = 6
3 × 9 = 27        2 + 7 = 9
```

구구단 3단 곱셈 결과의 각 자리 숫자(십의 자리 숫자 + 일의 자리 숫자)를 더하면 '369' 노래처럼 3, 6, 9가 반복된다.

```
6 × 1 = 6         0 + 6 = 6
6 × 2 = 12        1 + 2 = 3
6 × 3 = 18        1 + 8 = 9
6 × 4 = 24        2 + 4 = 6
6 × 5 = 30   ⇨    3 + 0 = 3
6 × 6 = 36        3 + 6 = 9
6 × 7 = 42        4 + 2 = 6
6 × 8 = 48        4 + 8 = 12   ⇨   1 + 2 = 3
6 × 9 = 54        5 + 4 = 9
```

구구단 6단도 3단과 같은 방법으로 계산하면 각 자리 숫자 합이 6, 3, 9로 반복된다. 그리고 모든 수가 짝수로 끝나는데, 6단은 3단 × 2단과 같기 때문이다.

```
9 × 1 = 0 9        0 + 9 = 9
9 × 2 = 1 8        1 + 8 = 9
9 × 3 = 2 7        2 + 7 = 9
9 × 4 = 3 6        3 + 6 = 9
9 × 5 = 4 5    ⇨   4 + 5 = 9
9 × 6 = 5 4        5 + 4 = 9
9 × 7 = 6 3        6 + 3 = 9
9 × 8 = 7 2        7 + 2 = 9
9 × 9 = 8 1        8 + 1 = 9
```

구구단 9단은 십의 자리 숫자의 배열과 일의 자리 숫자의 배열이 서로 거꾸로다. 또 각 자리의 숫자를 더하면 모두 9가 된다. 9단은 비밀이 하나 더 있다.

```
10 − 1 = 9 = 9 × 1
20 − 2 = 18 = 9 × 2
30 − 3 = 27 = 9 × 3
40 − 4 = 36 = 9 × 4
50 − 5 = 45 = 9 × 5
60 − 6 = 54 = 9 × 6
70 − 7 = 63 = 9 × 7
80 − 8 = 72 = 9 × 8
90 − 9 = 81 = 9 × 9
```

수를 순서대로 10씩 커지게 쓰고, 빼는 수를 순서대로 1씩 커지게 해 계산하면 결과가 9단과 같다.

▶ **짝꿍 구구단의 비밀 : 10의 보수 관계**

짝꿍 구구단은 10의 보수 관계에 있는 구구단을 말한다. 보수란 보충을 하는 수란 뜻으로 예를 들어 1에 대한 10의 보수는 9, 9에 대한 10의 보수는 1이다.

```
1 + 9 = 10
9 + 1 = 10
```

구구단에서 10의 보수 관계에 있는 단끼리는 일정한 규칙을 가지고 있다. 1단과 9단, 2단과 8단, 3단과 7단, 4단과 6단이 있다. 예를 들어보자.

3단	7단
3 × ①= 03	7 × ⑨= 63
3 × ②= 06	7 × ⑧= 56
3 × ③= 09	7 × ⑦= 49
3 × ④= 12	7 × ⑥= 42
3 × ⑤= 15	7 × ⑤= 35
3 × ⑥= 18	7 × ④= 28
3 × ⑦= 21	7 × ③= 21
3 × ⑧= 24	7 × ②= 14
3 × ⑨= 27	7 × ①= 07

3단 곱셈 결과의 일의 자리와 7단 곱셈 결과를 거꾸로 나열했을 때 일의 자리가 같다. 나머지 10의 보수 관계에 있는 단들도 같은 규칙이 적용된다.

▶**짝수 단의 비밀 : 2단, 4단, 6단, 8단**

2단, 4단, 6단, 8단 모두 일의 자리가 짝수일까, 홀수일까? 짝수 단은 모두 짝수고, 홀수 단은 짝수와 홀수가 번갈아 나온다. 홀수 단에 홀수를 곱하면 일의 자리가 홀수, 짝수를 곱하면 일의 자리가 짝수가 되기 때문이다.

2 × 1 = 2	2 × 홀수 = 짝수	3 × 1 = 3	3 × 홀수 = 홀수
2 × 2 = 4	2 × 짝수 = 짝수	3 × 2 = 6	3 × 짝수 = 짝수
2 × 3 = 6	2 × 홀수 = 짝수	3 × 3 = 9	3 × 홀수 = 홀수
2 × 4 = 12	2 × 짝수 = 짝수	3 × 4 = 12	3 × 짝수 = 짝수

그리고 2, 4, 6, 8에 5를 곱하면 10, 20, 30, 40과 같이 10씩 커진다.

2 × 5 = 10
4 × 5 = 20
6 × 5 = 30
8 × 5 = 40

마지막으로 2단, 4단, 6단, 8단은 일의 자리 수가 반복된다. 2단은 일의 자리 숫자가 2, 4, 6, 8, 0으로 반복되고, 4단은 4, 8, 2, 6, 0으로, 6단은 6, 2, 8, 4, 0, 8단은 8, 6, 4, 2, 0이 반복되는 걸 확인할 수 있다.

2단	4단	6단	8단
2 × 1 = 2	4 × 1 = 4	6 × 1 = 6	8 × 1 = 8
2 × 2 = 4	4 × 2 = 8	6 × 2 = 12	8 × 2 = 16
2 × 3 = 6	4 × 3 = 12	6 × 3 = 18	8 × 3 = 24
2 × 4 = 8	4 × 4 = 16	6 × 4 = 24	8 × 4 = 32
2 × 5 = 10	4 × 5 = 20	6 × 5 = 30	8 × 5 = 40

▶5단의 비밀

5단의 비밀은 10단과 관련이 있다. 5단을 외기 전에 10단을 외워보자.

10 × 1 = 10	5 × 1 = 5
10 × 2 = 20	5 × 2 = 10
10 × 3 = 30	5 × 3 = 15
10 × 4 = 40	5 × 4 = 20
10 × 5 = 50	5 × 5 = 25
10 × 6 = 60	5 × 6 = 30
10 × 7 = 70	5 × 7 = 35
10 × 8 = 80	5 × 8 = 40
10 × 9 = 90	5 × 9 = 45

10단 곱셈 결과를 절반으로 나누면 5단 곱셈 결과와 같다는 걸 알 수 있다. 손가락을 모두 폈다가 다섯 개만 접어보면 쉽게 이해할 수 있다. 이 5단의 비밀은 나중에 시계 보는 방법을 배울 때 기본이 되니 잘 기억해 두는 것이 좋다.

ㅣ엄빠가 꼭 알아야 할 문제

 문제 1 다음 조건을 만족하는 수를 구하세요.

- 곱셈구구 7단입니다.
- 8 × 5보다 크고, 9 × 6보다 작습니다.
- 십의 자리 숫자가 일의 자리 숫자보다 큽니다.

세 가지 조건을 만족하는 수를 구하는 문제구나! 이럴 때는 세 가지 조건 중 내가 당장 알 수 있는 것부터 풀어보는 거야. 그래, 두 번째 조건을 멋지게 부등식으로 적어볼까?

어떤 수 = □
8 × 5 < □ < 9 × 6
40 < □ < 54

이제 첫 번째 조건을 함께 생각해 볼까? 40과 54 사이에 있는 수 중 7단에 해당하는 수는 무엇이 있을까? 7 × 6 = 42와 7 × 7 = 49, 두 개로구나. 즉, 42와 49 중 세 번째 조건에 맞는 수를 찾으면 되겠구나. 십의 자리 숫자가 일의 자리 숫자보다 큰 수는 42!

답 : 42

 문제 2 해인이는 딸기 사탕은 3개씩, 레몬 사탕은 4개씩, 포도 사탕은 5개씩 포장했습니다. 포장을 끝내자 딸기 사탕은 1묶음, 레몬 사탕은 2묶음, 포도 사탕은 5묶음이었습니다. 사탕의 총개수를 구하세요.

이런 서술형 문제는 문장을 차근차근 읽고 헷갈리지 않는 것이 중요하단다. 사탕의 총개수를 구하라고 했으니, 각각 곱해서 수를 구한 뒤 모두 더하면 돼. 식으로 정리해 보자.

딸기 사탕의 수 = 3 × 1
레몬 사탕의 수 = 4 × 2
포도 사탕의 수 = 5 × 5

식으로 나타내니 간단해졌지? 딸기 사탕은 3개, 레몬 사탕은 8개, 포도 사탕은 25개라는 걸 알 수 있어. 이제 모두 더하자. 3 + 8 + 25 = 36(개)이로구나.

답 : 36개

 문제 3 다음은 구구단 곱셈표입니다. □는 어떤 수라고 할 때, ㉠과 ㉡의 합을 구하세요.

X	㉠	8
㉡		□
6	□	48

곱셈표를 완성하는 문제로구나. 그런데 빈칸이 많아 바로 ㉠과 ㉡의 값을 알 수 없지? 우선 알 수 있는 걸 식으로 정리해 보자.

㉠ × 6 = □
8 × ㉡ = □

이 식이 무슨 뜻인 것 같니? 침착하게 생각하면 전혀 어렵지 않아. □가 어떤 수라고 했으니, ㉠ × 6과 8 × ㉡의 값이 같다는 의미란다. 즉 곱셈구구 6단과 8단에서 같은 값이 나오는 경우를 찾으면 돼! 그런 경우는 두 가지가 있지? 바로 24와 48이야. 하지만 6 × 8 = 48은 이미 곱셈표에 적혀 있으니, 나머지 경우인 24겠구나! □의 값을 구했으니 식을 다시 써 보자.

㉠ × 6 = 24
8 × ㉡ = 24

이제 ㉠과 ㉡의 값을 간단히 구할 수 있겠구나. 6과 곱해서 24가 되는 수는 4, 즉 ㉠ = 4야. 8과 곱해서 24가 되는 수는 3, 즉 ㉡ = 3이구나. 문제에서 ㉠과 ㉡의 합을 구하라고 했으니, ㉠ + ㉡ = 4 + 3 = 7이란다.

답 : 7

2학기 4단원

시각과 시간

| 엄빠가 꼭 알아야 할 개념

1학년 과정에서 '몇 시'와 '몇 시 30분'을 배우고 2학년 과정에서 분 단위 시각을 배울 때 많은 아이들이 어려워한다. 더군다나 요즘 아이들은 대개 스마트폰으로 시계와 달력을 보니 특히 어려운 단원이다. 4단원 시각과 시간은 측정 영역에 해당한다. 측정에서 가장 중요한 것은 실생활 속 경험이다. 시침, 분침이 큰 시계를 걸어두고 가급적 글씨가 큰 달력(일명 전당포 달력)을 눈에 띄는 곳에 두어 틈틈이 사용해야 암기가 아닌 경험을 통해 쉽게 습득할 수 있다.

① 시계 읽기

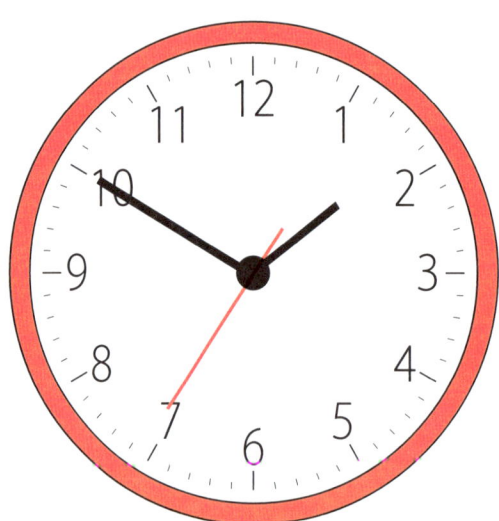

아이들이 흔히 하는 실수가 1시 50분과 같이 짧은바늘이 1보다는 2에 가까운 경우 2시 50분으로 읽는다는 것이다. 긴바늘(분침)이 움직이면 짧은바늘(시침)도 함께 조금씩 움직인다는 사실을 설명해야 한다. 긴바늘이 한 바퀴(360°)를 도는 동안 짧은바늘은 숫자 한 칸(30°)을 움직인다. 1시 30분일 때 짧은바늘은 1과 2의 정중앙에 있다가 40분, 50분을 지나면서 2에 더 가까워지고, 정시가 되면 2에 다다르는 것이다. 그러므로 짧은바늘이 2에 도달하기 전까지는 1시에 해당한다.

② 시각과 시간

"학교 끝나는 시간이 몇 시야?"

이 표현은 잘못되었다. 시간은 언제부터 언제까지의 기간, 시각과 시각 사이를 뜻하며 시각은 몇 시 몇 분으로 하루 중 어느 한때를 나타낸다. 즉, "학교 끝나는 시각이 몇 시야?"라는 표현이 옳다.

📖 엄빠표 수재 어휘

다양한 시간 표현

시각(時刻) : 때 시, 새길 각 = 시간이 새겨진 어느 한 시점
시간(時間) : 때 시, 사이 간 = 어떤 시각에서 어떤 시각까지의 사이
정오(正午) : 낮 12시
자정(子正) : 밤 12시
오전(午前) : 자정부터 낮 열두 시까지의 시간
오후(午後) : 정오부터 밤 열두 시까지의 시간

0 1 2 3 4 5 6 7 8 9 10 11 12(시)
　　　　　　　　　　　　　　　　0 1 2 3 4 5 6 7 8 9 10 11 12(시)

|←— 12시간(오전) —→|←— 12시간(오후) —→|
　　　　　　　　　정오　　　　　　　　　자정

|←———————— 24시간(1일) ————————→|

③ 시각과 시간 계산하기

• 덧셈

시각과 시간은 어떻게 계산해야 할까? 2시 50분에서 1시간 30분이 지났다면 덧셈으로 계산해야 한다. 이때 시는 시간과, 분은 분과 계산하면 된다. 이를 세로셈으로 나타내 보자.

```
    2시   50분    시각
+  1시간 30분    시간
───────────────
    □        시각
```

아이들이 낯설어할 수도 있지만, 1시간이 60분임을 기억하면 어렵지 않다. 30분을 10분과 20분으로 가르기 해서 50분을 60분으로 만든다.

50분 + 10분 + 20분
= 60분 + 20분
= 80분

50분 + 30분은 80분, 즉 1시간 20분이다. 1시간을 받아올림 해서 계산한다.

```
     1
    2시   50분
+  1시간 30분
───────────────
    4시   20분
```

2시 50분에서 1시간 30분이 지나면 4시 20분이라는 걸 알 수 있다. 이때 꼭 50분과 30분을 더해서 80분을 만들지 않고, 60분 + 20분 과정에서 바로 1시간 20분으로 적는 방법도 있다. 아이가 더 선호하는 방법을 골라 풀도록 지도하자.

• 뺄셈

5시 20분의 1시간 30분 전이 몇 시인지 알고 싶다면 뺄셈으로 계산해야 한다. 이를 세로셈으로 나타내 보자.

```
    5시   20분    시각
-  1시간 30분    시간
───────────────
    □        시각
```

빼려는 30분이 20분보다 크니 5시에서 1시간(60분)을 받아내림 하여 80분으로 만들어 계산한다.

```
     4    60
    5̸시   20분
−   1시간 30분
   ─────────
    3시   50분
```

5시 20분의 1시간 30분 전은 3시 50분이라는 걸 알 수 있다. 이때 꼭 받아내림 한 수를 더해 80분을 만들어서 계산하지 않고, 빼려는 30분 중 20분을 빼고 남은 10분만 받아내림 한 60분에서 빼는 방법도 있다. 이 방법으로도 똑같이 50분이라는 값을 얻는다.

```
     4    60
    5̸시   20분
−   1시간 30분   (20분 +10분)
   ─────────
    3시   50분
```

60분 − 10분 = 50분

또는, 받아내림 한 60분에서 30분을 먼저 빼고 남은 20분을 더하는 방법도 있다.

```
     4    60
    5̸시   20분
−   1시간 30분
   ─────────
    3시   50분
```

60분 − 30분 + 20분
= 30분 + 20분
= 50분

이처럼 다양한 방법 중 선호하는 방법을 골라 푸는 것이 수학적 사고력에도 큰 도움이 된다.

④ 달력의 비밀

월	1	2	3	4	5	6	7	8	9	10	11	12
날수	31	28	31	30	31	30	31	31	30	31	30	31

1년은 12개월로 이루어져 있는데 마지막 날짜가 어느 달은 30일이고 어느 달은 31일이어서 학년이 높아져도 헷갈리곤 한다. 하지만 저학년 과정에서 바르게 기억해야 추후 등장하는 심화·응용문제에 적용할 수 있다. 쉽게 이해하기 위해 주먹을 쥐고 튀어나온 관절로 30일, 31일을 구분하는데, 공교롭게도 아이들은 손이 작고 뼈 발달이 덜 되어 오목한 곳과 볼록한 곳의 구분이 어렵다. 그래서 손가락을 활짝 펴서 알려주면 구분이 쉽다.

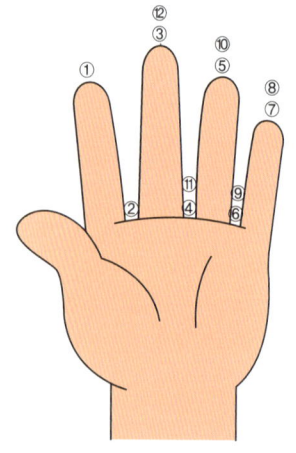

손가락 끝 = 31일
손가락 사이 = 30일

여기서 주의할 부분은 7월에서 8월로 넘어가는 순서에서 같은 자리를 한 번 더 찍어 주는 것! 그리고 2월은 28일(또는 29일)이라는 점이다.

> **엄빠표 수재 질문**
>
> **시계나 달력은 스마트폰을 보면 금방 알 수 있는데 꼭 이렇게 어렵게 공부해야 하나요?**
>
> 아날로그시계와 달력에는 재미있고 수학적인 비밀이 무척 많아. 수학을 배우는 이유 중 하나는 일상생활에서 수학을 활용하고 논리적인 추론을 하는 것이지. 아날로그시계와 달력을 통해 많은 수학적 지식을 쌓을 수 있고 논리력도 길러지며 창의적이고 재미있는 추론도 할 수 있단다.

왜 1시간은 60분이에요?

우리가 사용하는 인도-아라비아 숫자는 10을 기준으로 단위가 바뀌는 10진법을 사용하지만, 시계를 가장 정확히 사용했던 메소포타미아 사람들은 60을 기준으로 단위가 바뀌는 60진법을 사용했대. 그래서 메소포타미아 사람들의 기준이 전 세계 시계의 기준이 되었단다. 그게 오늘날까지 이어진 것이지.

왜 2월은 4년에 한 번씩 29일이 돼요?

1년이 며칠일까? 365일이라고 대부분 알고 있지? 사실 1년은 365일 하고 6시간이 더 있단다(실제로는 365.2422일이지만 아이들한테는 6시간으로 이해시키는 편이 쉽다). 6시간은 1년에서 작은 수치이지만 이 시간이 계속 더해지면 날짜에도 변화가 생기지.

1년 6시간 + 1년 6시간 + 1년 6시간 + 1년 6시간 = 4년 24시간

4년이면 24시간, 하루 차이가 나겠지? 그래서 4년에 한 번씩 365일에서 1일을 더한 366일이 되는 거란다. 2월 29일이 있는 해는 2020년, 2024년, 2028년…. 이런 해를 윤년이라고 불러. 2월 29일이 생일인 친구는 4년에 한 번씩 생일이 와서 슬프겠지?

30일, 31일이 번갈아 나오다가 7월과 8월에는 왜 31일이 두 번 나와요?

고대 로마 기원전 45년에 뛰어난 정치가였던 율리우스 카이사르 황제가 달력을 만들었는데, 농경 사회의 시작은 씨를 뿌리는 3월이어서 3월부터 달력이 시작되었단다. 3월을 31일부터 시작한 이유는 율리우스의 생일인 7월을 31일로 정하기 위해서였고 마지막 2월은 365일에 맞추려고 날수를 29일로 정했대.
그런데 로마의 첫 황제이자 율리우스의 양아들인 아우구스트가 본인이 태어난 8월이 30일 밖에 없는 것은 황제의 권위를 떨어뜨린다고 생각하여 2월의 하루를 빼 8월에 넣었대. 그래서 2월은 29일에서 28일이 되었고, 나머지 달은 다시 31일과 30일이 반복되도록 정리했다는구나. July(7월)는 율리우스(Julius), August(8월)는 아우구스투스(Augustus)의 이름에서 유래되었단다.

🆘 엄빠표 수재 도움활동

달력 놀이

달력의 다양한 수학적 규칙을 알아보는 것은 날짜를 이해하는 데에 도움이 된다. 집에 있는 달력을 준비해 이야기를 나누어 보자.

일	월	화	수	목	금	토
						1
2	3	4	5	6	7	8
9	10	11	12	13	14	15
16	17	18	19	20	21	22
23	24	25	26	27	28	29
30						

▶ **달력의 세로줄은 며칠씩 차이가 날까?**

　2, 9, 16, 23, 30

2일 일요일을 시작으로 세로로 내려갔을 때 모든 날짜는 일요일이고, 7씩 차이가 난다. 이는 일주일이 7일이기 때문이다.

▶ **수 하나에 동그라미를 치고 오른쪽 대각선 아래 방향으로 옮겨가면 몇씩 차이가 날까?**

　③, 11, 19, 27

일주일은 7일이므로 세로줄은 7씩 차이가 났지만 그로부터 오른쪽 옆으로 한 칸씩 옮겨가니 하루가 더해져서 8씩 차이가 난다.

▶ **수 하나에 동그라미를 치고 왼쪽 대각선 아래 방향으로 옮겨가면 몇씩 차이가 날까?**

　⑧, 14, 20, 26

일주일은 7일이므로 세로줄은 7씩 차이가 났지만 그로부터 왼쪽 옆으로 한 칸씩 옮겨가니 하루가 빼져서 6씩 차이가 난다.

일	월	화	수	목	금	토
						1
2	3	4	5	6	7	8
9	10	11	12	13	14	15
16	17	18	19	20	21	22
23	24	25	26	27	28	29
30						

▶ 수 아홉 개를 더해 9로 나누어 보자.

2 + 3 + 4 + 9 + 10 + 11 + 16 + 17 + 18 = 90   90 ÷ 9 = 10

사각형 안의 수 아홉 개를 모두 더하면 가운데 수가 된다. 반대로 가운데 수 10에 9를 곱하면 수 아홉 개를 모두 더한 90이 된다. 이는 사각형의 위치를 옮겨 계산해도 마찬가지다.

▶ 가로, 세로, 대각선의 합을 구해보자.

2 + 10 + 18 = 10 + 10 + 10 = 10 × 3 = 30
+8   −8

4 + 10 + 16 = 10 + 10 + 10 = 10 × 3 = 30
+6   −6

3 + 10 + 17 = 10 + 10 + 10 = 10 × 3 = 30
+7   −7

9 + 10 + 11 = 10 + 10 + 10 = 10 × 3 = 30
+1   −1

10을 중심으로 가로, 세로, 대각선의 세 수를 더하면 모두 가운데 수의 3배, 30이 된다. 이처럼 더한 값이 모두 같은 것을 마방진 규칙이라고 한다. 단, 일반적인 3차 마방진은 세 수의 합이 같은 경우가 8가지이지만, 달력에서는 4가지밖에 찾을 수 없다.

▶ 4월 4일, 6월 6일, 8월 8일, 10월 10일, 12월 12일의 요일을 확인해 보자.

신기하게도 위 날짜의 요일이 모두 같다는 걸 확인할 수 있다. 매년 요일이 같은 날짜들에는 신기한 비밀이 있는데, 일주일이 7일이므로 두 날짜의 차가 7의 배수가 되어야 한다는 것이다. 이 날짜들은 각각 63일씩 차이가 난다. 이를 이해하면 원하는 날의 요일을 쉽게 알 수 있다. 예를 들어 10월 10일이 목요일이라면 12월 12일도 목요일이고, 즉 아이의 생일인 12월 14일은 토요일이라는 걸 알 수 있는 것이다.

엄빠가 꼭 알아야 할 문제

문제 1 1시간에 3분씩 빨라지는 시계가 있습니다. 이 시계를 오늘 오전 9시에 정확하게 맞추어 놓았다면 오늘 오후 1시에 시계가 가리키는 시각은 오후 몇 시 몇 분인지 구하세요.

고장난 시계의 시각을 구하는 문제로구나. 이 문제는 3번 나누어 생각하면 좋아! 첫 번째, 오늘 오전 9시부터 오후 1시까지의 시간을 구하자. 정오(낮 12시)를 기준으로 삼으면 어렵지 않단다. 오전 9시부터 정오까지는 3시간, 정오부터 오후 1시까지는 1시간이지. 3시간 + 1시간 = 4시간이로구나.

또는 24시 기준으로 생각할 수도 있어. 오후 1시는 24시 기준으로 몇 시일까?

정오	오후 1시	오후 2시	오후 3시	오후 4시	오후 5시	오후 6시	오후 7시	오후 8시	오후 9시	오후 10시	오후 11시	자정
12시	13시	14시	15시	16시	17시	18시	19시	20시	21시	22시	23시	24시

오후 1시는 13시구나! 그럼 13시 − 9시 = 4시간이야.

두 번째, 빨라진 시간을 구하자. 1시간마다 3분씩 빨라지니 2시간 후에는 6분, 3시간 후에는 9분…. 즉, □시간 후에는 3 × □분 빨라지겠구나. 그럼 4시간 후에는 3 × 4 = 12분 빨라지지.

세 번째, 오후 1시에 시계가 가리키는 시각을 구하자. 빨라지는 시계니 정확한 시각을 지나쳤겠지? 그래서 정확한 시간 이후를 가리키는 거란다. 따라서 원래 오후 1시를 가리켜야 하는 시계는 12분 빨라져서 12분 후인 오후 1시 12분을 가리키고 있을 거야.

답 : 오후 1시 12분

문제 2 1시간에 5분씩 늦어지는 시계가 있습니다. 이 시계를 오늘 오전 11시에 정확하게 맞추어 놓았다면 오늘 오후 6시에 시계가 가리키는 시각은 오후 몇 시 몇 분인지 구하세요.

이번에는 늦어지는 시계의 시각을 구하는 문제구나. 빨라지는 시계와 마찬가지로 3번 나누어 생각하자. 첫 번째, 오늘 오전 11시부터 오후 6시까지의 시간을 구하자. 오전 11시부터 정오까지는 1시간, 정오부터 오후 6시까지는 6시간이지. 1시간 + 6시간 = 7시간이구나. 또는 24시간 기준으로 18시 - 11시 = 7시간으로 계산할 수도 있겠구나.

두 번째, 늦어진 시간을 구하자. 1시간마다 5분씩 늦어지니 2시간 후에는 10분, 3시간 후에는 15분…. 즉, □시간 후에는 5 × □분 늦어지겠구나. 그럼 7시간 후에는 5 × 7 = 35분 늦어지지.

세 번째, 오후 6시에 시계가 가리키는 시각을 구하자. 늦어지는 시계니 정확한 시간에 도달하지 못했겠지? 그래서 정확한 시간 이전을 가리키는 거란다. 따라서 원래 오후 6시를 가리켜야 하는 시계는 35분 늦어져서 35분 전인 오후 5시 25분을 가리키고 있을 거야.

답 : 오후 5시 25분

엄빠표 수재 질문

시계가 빨라지고 늦어질 때 더해야 하는지 빼야 하는지 헷갈려요.

시계가 빨라졌다는 건, 정상적인 시계가 2시를 가리킬 때 이미 2시를 지나쳤다는 의미야. 따라서 2시 + □분이므로 빨라진 시간만큼 더해야 한다는 뜻이지.
시계가 늦어졌다는 건, 정상적인 시계가 2시를 가리킬 때 아직 2시에 도달하지 못했다는 의미야. 2시 - □분이므로 늦어진 시간만큼 빼야 한다는 뜻이란다.

문제 3 하음이네 학교는 7월 24일부터 8월 29일까지 여름 방학입니다. 방학은 모두 며칠입니까?

7월은 며칠까지 있을까? 그렇지! 31일까지 있어. 7월 24일부터 31일 사이는 며칠일까? 24, 25, 26, 27, 28, 29, 30, 31 모두 8일이구나. 8월 1일부터 29일은 모두 29일이니, 즉 8 + 29 = 37(일)이구나!

7월 24일에서 31일 사이가 총 며칠인지 적거나 세지 않고 알 수 없을까? 방금 8월 날짜를 세지 않고 쉽게 알 수 있었던 이유는 1부터 시작해서야. '24일부터 31일'까지도 1일부터 시작하도록 자리를 그대로 옮겨보자. 1일로 옮겨주려면 각각 23을 빼야겠지?

$$\begin{array}{r} 24일 \sim 31일 \\ -\ 23 \quad\ -23 \\ \hline 1일 \sim\ \ 8일 \end{array}$$

그렇지! 이제 쉬워졌구나. 7월 방학은 총 8일이니 8월 방학 29일을 더해 37일을 구하는 과정은 같아. 이처럼 총개수를 셀 때 1을 기준으로 만들어 계산하면 실수하지 않는단다.

답 : 37일

규칙 찾기

2학기 6단원

┃ 엄빠가 꼭 알아야 할 개념

2학년 규칙 찾기 단원은 도형과 수를 이용한 규칙으로 나눌 수 있다. 특히 규칙을 찾아 수로 나타내고 다음에 올 순서를 예상하는 연습을 하므로 무척 중요하다. 해당 개념은 나아가 고등학교 수학 과정에 등장하는 수열을 쉽게 배울 수 있는 기초가 되기 때문이다.

다만 초등과정 문제는 그리 어렵지 않다 보니 규칙을 헤아려 이해하지 않고 그저 그림으로 그려서 해결하려고 하는 경우가 있다. 이때 정답은 맞출지언정 문제를 '풀었다'고 하기는 어렵다. 규칙을 찾아 수로 나타내려면 변화를 잘 살펴보고 수와 수 사이의 관계를 헤아려 식으로 정리할 수 있어야 한다. 이를 위해 꼭 필요한 것이 표 그리기이다. 아래 예시를 보자.

다음에 올 순서, 즉 다섯 번째에 놓일 원의 수를 구하는 문제다. 이를 표를 그려 해결해 보자. 순서에 따라 사물의 수를 표로 정리하고 수의 변화를 살펴 늘어난 수를 적는다.

순서	첫 번째	두 번째	세 번째	네 번째	다섯 번째
수	1	3	6	10	

+2　+3　+4

첫 번째에서 두 번째로는 원이 2개 늘어나고, 두 번째에서 세 번째로는 3개 늘어나고, 세 번째에서 네 번째로는 4개가 늘어나는 것을 알 수 있다. 이처럼 사물의 수와 늘어난 수에 어떤 규칙이 있는지 생각해 보고 식으로 나타낸다.

순서	첫 번째	두 번째	세 번째	네 번째	다섯 번째
수	1	3	6	10	
식	1	1+2	1+2+3	1+2+3+4	

+2 +3 +4

그렇다면 다섯 번째는 원이 몇 개 놓일까? 규칙에 따라서 다섯 번째는 5개 늘어난 1 + 2 + 3 + 4 + 5 = 15개가 놓인다는 것을 예상할 수 있다.

이런 과정을 거치지 않고 그림을 그려서 해결하는 것은 당장은 쉽지만, 수가 커질수록 그림을 그려서 풀 수 없으며 특히 시험 시간에는 그림을 그려 풀 시간이 없을 거라고 꼭 아이를 지도해 주자.

| 엄빠가 꼭 알아야 할 문제

 문제 1 규칙에 따라 수를 늘어놓았습니다. □ 안에 들어갈 알맞은 수를 구하세요.

1, 1, 2, 3, 5, 8, 13, □, 34

언뜻 봐서는 규칙을 찾기 어렵구나. 특히 1이 두 번 연속 오는 걸 보니 단순히 늘어나거나 줄어들기만 하는 규칙은 아니란 걸 알 수 있어. 그럼 1과 1을 한번 더해볼까? 옳아, 앞에 놓인 두 수의 합이 바로 뒤의 수가 되는구나! 이런 수의 배열을 '피보나치 수'라고 한단다.

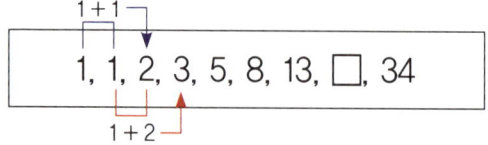

이어서 계산해 보면 2 + 3 = 5, 3 + 5 = 8, 5 + 8 = 13으로 규칙이 적용되는 걸 확인할 수 있어. 따라서 8 + 13 = □, □ = 21이겠지? 옳은 답을 구했는지 점검할 겸 13 + □ = 34인지 계산해 보자. 13 + 21 = 34. 규칙에 꼭 맞는 답을 구했구나.

답 : 21

문제 2 그림과 같이 구슬을 늘어놓을 때, 일곱 번째에 놓일 구슬은 몇 개인지 구하세요.

구슬이 왼쪽에 하나, 위쪽에 하나, 총 두 개씩 늘어나고 있구나. 일곱 번째 구슬까지 그림을 그려서 해결할 수도 있지만 그보다는 멋지게 표로 정리해 보면 어떨까?

순서	첫 번째	두 번째	세 번째	네 번째	...
수	1	3	5	7	

+2 +2 +2

표로 확인하니 2씩 일정하게 늘어나는 걸 알 수 있어. 하지만 일곱 번째 구슬까지 마냥 더하지 말고, 식을 써서 규칙을 알아보자.

순서	첫 번째	두 번째	세 번째	네 번째	...	일곱 번째
수	1	3	5	7		
식	1	1+2	1+2+2	1+2+2+2		

첫 번째는 구슬이 하나만 있으니 2를 더하지 않았고(0번), 두 번째는 1 + 2, 2를 한 번 더했어. 세 번째는 1 + 2 + 2, 2를 두 번 더했고, 네 번째는 1 + 2 + 2 + 2, 2를 세 번 더했네. 아하, 2를 순서보다 한 번 덜 더한다고 생각하면 되겠구나. 그럼 일곱 번째는 2를 여섯 번 더해서 1 + 2 + 2 + 2 + 2 + 2 + 2겠구나. 따라서 일곱 번째 순서에 놓일 구슬은 13개란다.

답 : 13개

문제 3 그림과 같이 □를 늘어놓을 때, 여덟 번째에 놓일 □는 몇 개인지 구하세요.

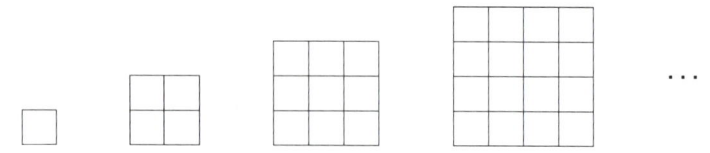

우선 □의 수가 어떻게 달라졌는지 정리해 보자.

순서	첫 번째	두 번째	세 번째	네 번째	...
수	1	4	9	16	

+3   +5   +7

표로 확인하니 늘어나는 개수가 2씩 커지는 걸 알 수 있어. 하지만 이걸 여덟 번째까지 계산하자니 늘어나는 수가 너무 커져서 복잡해. 덧셈 말고 다른 방법은 없을까? 늘어놓은 □의 모습을 잘 보니 곱셈으로도 구할 수 있을 것 같구나. 첫 번째는 1단, 1 × 1 = 1, 두 번째는 2단, 2 × 2 = 4, 세 번째는 3단, 3 × 3 = 9, 네 번째는 4단, 4 × 4 = 16으로 정리할 수 있겠어!

순서	첫 번째	두 번째	세 번째	네 번째	...	여덟 번째
수	1	4	9	16		
식	1 × 1	2 × 2	3 × 3	4 × 4		

따라서 여덟 번째는 8단, 8 × 8 = 64(개)라고 예상할 수 있지. 처음부터 이렇게 곱셈구구로 생각하기는 쉽지 않아. 그래서 연습이 많이 필요하단다.

답 : 64개

Turn 3

3학년
엄빠표 수학

1학기 1단원

덧셈과 뺄셈

| 엄빠가 꼭 알아야 할 개념

3학년은 덧셈·뺄셈의 개념을 충분히 이해하고 연산 연습을 하여 계산 속도를 완성하는 시기이다. 덧셈·뺄셈이 능숙해야 곱셈·나눗셈도 쉽게 할 수 있고 분수와 소수의 연산까지 원활하게 풀 수 있다. 그러므로 3학년에서는 수 개념과 자릿값, 덧셈과 뺄셈의 받아올림, 받아내림 개념의 확실한 이해와 연습이 필요하다.

교과서 연산의 흐름을 보자. 초등 1학년 때 15 + 8을 계산할 때는 23을 십의 자리 2부터 적고 일의 자리 3을 적었다. 그런데 2학년 때 15 + 18을 계산할 때는 일의 자리 계산부터 하고 받아올림 한 수를 쓴 뒤 십의 자리 덧셈을 하게 된다. 아이들에게는 굉장히 혼란스러운 과정이다.

또한 초등 4학년 과정 큰 수의 곱셈에서는 중간 과정에 필요한 덧셈의 받아올림 한 수를 짚지 않아 반드시 암산이 필요하다. 즉, 초등 3학년 과정에서 충분한 연습을 거쳐 받아올림을 적지 않고 풀 수 있어야 초등 4학년 수학이 가능하다는 것이다.

그렇다면 교과서에서는 왜 □ 칸을 제시해 받아올림 한 수, 받아내림 한 수를 꼭 적으면서 풀게 하였을까? 교과서는 일반적인 개념을 설명해야 하므로 다양한 아이들을 수용할 수 없다. 아이들은 다양한 방법의 덧셈과 뺄셈을 하더라도 학교에서는 일반화를 통해 한 가지 방향으로 이끌어가는 것이다. 따라서 그 사이에서 실력을 키우려면 자신만의 방법에 익숙해지도록 충분히 연습하고, 오답이 생겼을 때 "어디서 틀렸을까? 찾아서 고쳐보자." 하며 줄여가는 것이 중요하다.

과감하게 결론을 이야기하자면, 아이가 큰 수를 보는 것을 어려워하면 일의 자리부터 받아올림을 적어야겠지만 큰 수를 잘 보고 능숙하게 연산하는 아이에겐 굳이 강요하지는 않았으면 한다. 큰 수를 보는 눈은 학년이 올라갈수록 수학 연산에 오히려 큰 도움이 되기 때문이다.

| 엄빠가 꼭 알아야 할 문제

문제 1 어떤 수에 392를 더해야 할 것을 잘못하여 뺐더니 185가 되었습니다. 바르게 계산한 값을 구하세요.

일단 어떤 수는 아직 모르니까 □라고 놓아보자. 그다음 □를 사용하여 잘못된 계산식을 써 보고 □의 값, 즉 어떤 수를 구한 뒤 마지막으로 바르게 계산하면 된단다.

잘못된 계산식 : □ − 392 = 185
어떤 수 구하기 : 392 + 185 = 577
바르게 계산하기 : 577 + 392 = 969

조금 더 재미있는 방법을 알려줄까? 바로 '오징어 게임'! 드라마에 등장한 △, □, ○를 사용해서 표기해 보자.

△ = 잘못된 계산식
□ = 어떤 수 구하기
○ = 바르게 계산하기

이처럼 △, □, ○로 표시해 두고 풀면 알아보기 쉽고, 실수도 하지 않는단다.

△ : □ − 392 − 185
□ : 392 + 185 = 577
○ : 577 + 392 = 969

답 : 969

엄빠표 수재 질문

값을 구하려면 덧셈을 해야 하는지, 뺄셈을 해야 하는지 헷갈려요.

이런 경우 수직선으로 설명하면 한결 직관적으로 이해할 수 있단다.

▶ □ - 412 = 288

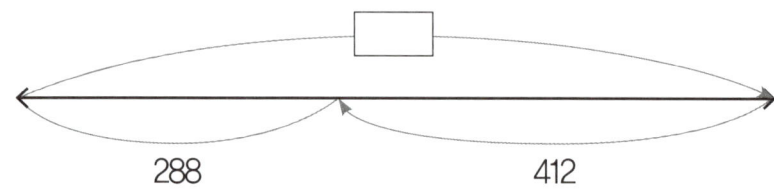

□에서 412만큼 돌아오니 288이 되었구나. 즉, □의 값을 구하려면 두 수를 더해야 해. □ = 412 + 288 = 700이겠지.

▶ 526 - □ = 128

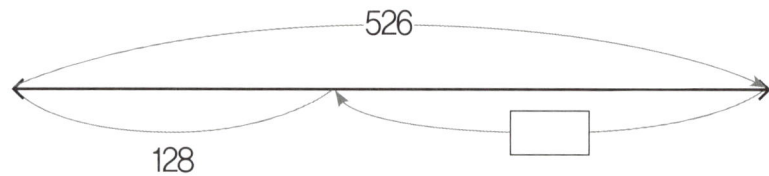

526에서 □만큼 돌아오니 128이 되었구나. 즉, □의 값을 구하려면 526에서 128을 빼야 해. □ = 526 - 128 = 398이겠지.

▶ 232 + □ = 796

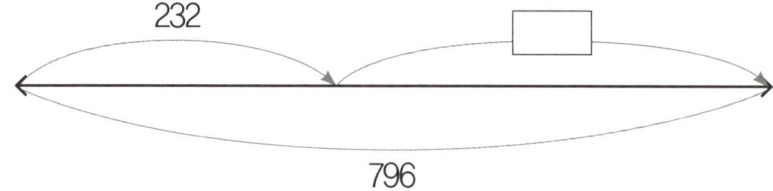

232에서 □만큼 더 갔더니 796이 되었구나. 즉, □의 값을 구하려면 796에서 232를 빼야 해. □ = 796 - 232 = 564겠지.

문제 2 □에 들어갈 수 있는 수 중에서 가장 큰 세 자리 수를 구하세요.

$$532 + \square < 867$$

이렇게 조건에 알맞은 수를 구하는 문제는 부등호를 등호로 바꾸어 계산했을 때 □가 될 수 있는 수를 먼저 구해야 한단다. 532 + □ = 867이라 하면 867 - 532 = □, 즉 □ = 335네. 그럼 532 + □ < 867을 만족하면서 335보다 작은 수 중 가장 큰 세 자리 수는 334란다.
왜 335보다 작아야 할까? 532 + 335 = 867을 양팔 저울로 나타내 생각해 보자. 등호일 때는 양팔 저울의 기울기가 수평이라는 뜻이야.

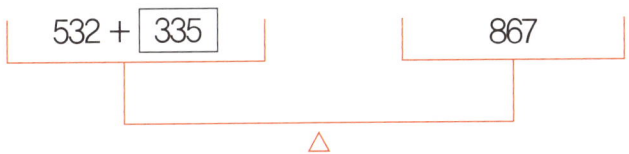

그럼 532 + □ < 867을 저울로 나타내면 아래와 같이 기울겠지. 즉, 저울이 수평이 되거나 867보다 아래로 기울면 안 돼. 그래서 335보다 작아야 한단다.

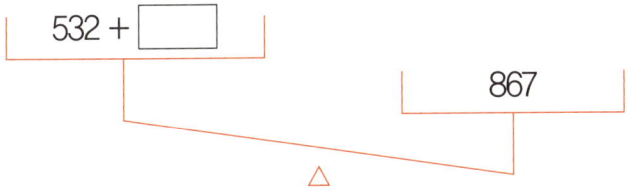

□는 335보다 작아야 하므로 334, 333, 332…102, 101, 100까지가 들어갈 수 있는 세 자리 수겠구나. 이 중 가장 큰 수는 334란다.

답 : 334

문제 3 □에 들어갈 수 있는 수 중에서 가장 작은 세 자리 수를 구하세요.

$$967 - \square < 854 - 496$$

우선 계산할 수 있는 부분부터 정리해서 다시 적어보자꾸나. 854 − 496 = 358이지?

$$967 - \square < 358$$

이제 부등호를 등호로 놓고 계산했을 때 □가 될 수 있는 수를 구해보자. 967 − □ = 358이라고 하면 967 − 358 = □, 즉 □ = 609로구나. 그럼 967 − □ < 358을 만족하는 □는 609보다 커야겠지. 609보다 큰 수를 빼야 358보다 작아지니까! 610, 611…966, 967. 이 중 가장 작은 세 자리 수는 610이구나.

답 : 610

📖 엄빠표 수재 어휘

부등호

부등호(不等號)는 두 수 또는 식의 값이 같지 않을 때 사용하는 기호다.

- a < b : a가 b보다 작다.
- a > b : a가 b보다 크다.
- a ≤ b : a가 b보다 작거나 같다.
- a ≥ b : a가 b보다 크거나 같다.
- a ≠ b : a와 b는 같지 않다.

≤와 ≥는 부등호(<, >)와 등호(=)를 합쳐 만든 것으로 원래 아랫줄이 두 줄(≦, ≧)이었다. 한국 기준으로 잉크를 아끼기 위해 ≤, ≥을 사용하기 시작했고, 현재 ≤, ≥로 정착했다. 초등학교 때 배우는 기호는 모두 10개가 되지 않는다. 하지만 이러한 기호가 모든 연산의 기본이라는 것을 간과하면 중학교 때 괄호와 등호에게 발목을 잡히고, 고등학교 때 부등호에게 발목을 잡히기 마련이다. 기호의 의미를 꼭 이해시키도록 하자.

엄빠표 수재 질문

부등호를 어느 쪽으로 벌려야 하는지 헷갈려요.

아직은 부등호가 낯선 모양이구나. 그럼 이렇게 생각해 보면 어떨까? 기호의 모습이 병아리가 부리를 벌린 것 같지 않니? 병아리가 맛있는 쌀알을 더 많이 먹으려면 어느 쪽으로 부리를 벌려야 할까?

쌀알을 더 많이 먹기 위해서는 더 큰 쪽, 다섯 개가 있는 방향으로 입을 벌리겠지? 그래서 2와 5를 비교하는 식을 쓰면 2 < 5가 되는 것이란다.

문제 4 기호 ◇에 대하여 ♡ ◇ ○ = ♡ + ○ + ♡ 라고 약속할 때 다음을 계산하세요.

$$427 \diamond 255$$

◇ 기호가 등장하면 그 기호의 규칙을 따라야 한다고 해. 마치 마법사의 주문처럼 말이야. 그렇다면 ◇에는 어떤 약속이 숨어 있을까?

♡ ◇ ○ = ♡ + ○ + ♡
앞 ◇ 뒤 = 앞 + 뒤 + 앞

아하, 앞의 수와 뒤의 수를 더하고 다시 앞의 수를 더하면 되는구나! 제법 복잡한 문제이니 식을 잘 적어서 풀어보자.

$$427 \diamond 255 = 앞 + 뒤 + 앞$$
$$= 427 + 255 + 427$$
$$= 682 + 427 = 1109$$

답 : 1109

 문제 5 □ 안에 알맞은 수를 써넣으세요.

```
   4 ㉡ 5
 + ㉢ 4 8
 ─────────
   6 2 ㉠
```

우선 일의 자리 수, ㉠의 값을 알아보자. 5 + 8 = 13이니, 10을 올림하고 남은 3이겠구나. ㉠ = 3이야. 그다음 십의 자리 수 ㉡을 알아보자. 1 + ㉡ + 4를 계산해서 일의 자리 수가 2가 나와야 해. 그러려면 결과가 12여야겠지? 식을 정리하면 ㉡ + 5 = 12, 즉 ㉡ = 7이구나. 지금까지 구한 ㉠과 ㉡의 값을 넣어보자.

```
     1
   4 7 5
 + ㉢ 4 8
 ─────────
   6 2 3
```

마지막으로 백의 자리 수 ㉢을 구할 수 있게 되었구나. 십의 자리에서 받아올림 한 것을 잊지 마. 1 + 4 + ㉢ = 6, 5 + ㉢ = 6이야. 따라서 ㉢ = 1이로구나.

```
   4 7 5
 + 1 4 8
 ─────────
   6 2 3
```

□의 값을 구하고 맞는지 다시 확인하는 것도 잊지 말자.

답 : ㉠ = 3, ㉡ = 7, ㉢ = 1

문제 6 ☐ 안에 알맞은 수를 써넣으세요.

```
   7 ㉡ 5
 - 3 5 ㉠
 ─────────
   3 6 6
```

우선 ㉠의 값을 구해보자. 5에서 어떤 수를 뺐는데 6이 되었다는 것은 십의 자리에서 받아내림 하였다는 뜻이란다. 이를 식으로 정리하면 $10 + 5 - ㉠ = 6$이지. $15 - ㉠ = 6$, 즉 ㉠ = 9로구나. 다음으로, ㉡에서 5를 뺐는데 6이 되었다는 것은 백의 자리에서 받아내림 하였다는 뜻이란다. 이때, ㉠ 값을 구할 때 일의 자리에 받아내림 준 것을 잊지 않도록 조심하렴.

$$10 + ㉡ - 5 - 1 = 6$$

받아내림 받은 수   받아내림 준 수

위 식을 정리하면 $10 + ㉡ - 6 = 6$, $10 + ㉡ = 12$로구나. 즉, ㉡ = 2란다.

```
   7 2 5
 - 3 5 9
 ─────────
   3 6 6
```

☐의 값을 구하고 맞는지 다시 꼭 확인해 보자.

※ 논리적으로 풀지 않고 감각적으로 푸는 아이들은 굳이 이렇게 풀이하지 않아도 된다. 해당 해법은 어려워하는 아이들에게 설명할 때 참고하자.

답 : ㉠ = 9, ㉡ = 2

문제 7 도경이네 학교 학생은 423명입니다. 시우네 학교 학생은 도경이네 학생보다 124명 더 많습니다. 도경이네 학교 학생과 시우네 학교 학생은 모두 몇 명일까요?

이 문제는 실수하기 쉽단다. 문제의 답을 구하려면 두 가지 과정을 거쳐야 하는데, 한 가지 과정만 구하고 답을 쓰곤 한대. 실수를 줄이기 위해서 우선 구하려는 것에 밑줄을 긋자. 구하려는 것은 '도경이네 학교 학생과 시우네 학교 학생은 모두 몇 명'이로구나. 즉, '도경이네 학교 학생 수 + 시우네 학교 학생 수'를 구해야 해.

(도경이네 학교 학생 수) = 423(명)
(시우네 학교 학생 수) = (도경이네 학교 학생 수) + 124
= 423 + 124
= 547(명)

시우네 학교 학생 수를 구했지? 하지만 여기서 방심하면 안 돼. 우리가 구하려고 하는 건 모든 학생의 합이니, 잊지 말고 계산하자.

(도경이네 학교 학생 수) + (시우네 학교 학생 수) = 423 + 547 = 970(명)

이처럼 문제를 잘 읽고 구하고자 하는 걸 이해해야 한단다.

답 : 970명

평면도형

| 엄빠가 꼭 알아야 할 개념

3학년 평면도형을 공부하기 전에 1학년 1학기 2단원, 여러 가지 모양을 다시 읽어 보기를 추천한다. 0차원 점이 모여 1차원 선이 되는데 그 점이 곧게 모이면 직선(直線), 그 점이 굽어서 모이면 곡선(曲線)이 된다. 직선은 수학적으로 많은 의미를 가지며 중·고등 과정 기하 영역의 기본이 된다. 이때 등장하는 수직선이 수와 양, 대수 개념의 핵심이기 때문이다. 아래 직선, 반직선, 선분의 설명에서 '끝'이라는 말에 주목하자.

직선 : 양 끝을 갖지 않는 무한히 긴 것.
반직선 : 한쪽에 끝이 있고 다른 한쪽은 무한히 뻗은 것.
선분 : 직선 위에서 그 위의 양 끝(두 점)에 한정된 부분.
　　　두 점을 ㄱ, ㄴ이라고 할 때 '선분 ㄱㄴ'은 ㄱ, ㄴ 사이의 부분이다.

직선	반직선	선분
●―――――● ㄱ　　　　ㄴ	ㄱ　　　　ㄴ ●―――――● ㄴ　　　　ㄱ	●―――――● ㄱ　　　　ㄴ
직선 ㄱㄴ 직선 ㄴㄱ	반직선 ㄱㄴ	선분 ㄱㄴ 선분 ㄴㄱ
점 ㄱ과 점 ㄴ을 지나는 직선	점 ㄱ에서 시작하여 점 ㄴ을 지나는 반직선	점 ㄱ과 점 ㄴ을 이은 선분
길이를 잴 수 없다	길이를 잴 수 없다	길이를 잴 수 있다

엄빠표 수재 어휘

직선, 반직선, 선분

▶ **직선**(直線)

<u>straight</u> <u>line</u>
똑바로, 곧은 줄, 선

▶ **반직선**(半直線)

<u>half</u> <u>line</u>
반(의) 줄, 선

▶ **선분**(線分)

<u>line</u> <u>segment</u>
줄, 선 부분, 조각

도형을 칭하는 어휘는 대부분 한자어지만, 영어로 표현했을 때 더 직관적으로 쉽게 이해할 수 있는 경우가 많다. 한자보다 영어에 익숙한 아이들에게는 함께 짚어 주자.

엄빠표 수재 질문

직선 위에 세 점이 있을 때 두 점을 잇는 직선, 반직선, 선분은 각각 몇 개일까?

```
————●————●————————●————
     A    B          C
```

하나씩 차근차근 생각해 보면 어렵지 않아.

▶ **직선**
직선은 1개야. 직선 AB, 직선 AC, 직선 BA…. 서로 양쪽으로 뻗어 나가므로 결국 다 같은 직선이란다.

114

> ▶반직선
> 반직선 AB, 반직선 BA, 반직선 BC, 반직선 CB로 모두 네 개란다. 여기서 반직선 AB와 반직선 AC, 반직선 CB와 반직선 CA는 각각 같은 도형이란다. 시작점과 뻗어 나가는 방향이 모두 같으면 같은 반직선이야.
>
> ▶선분
> 선분 AB, 선분 AC, 선분 BC로 모두 세 개란다. 점과 점을 잇는 가장 짧은 선을 세면 되니까 간단하지? 여기서 선분 AB와 BA, 선분 AC와 CA, 선분 BC와 CB는 각각 같은 도형이란다. 선분의 경우 시작점과 끝점의 순서가 바뀌어도 같은 도형으로 생각하기 때문이지.

도형은 점, 선, 면, 체 또는 그것들의 집합을 통틀어 이르는 말이다. 즉, 점은 가장 단순한 0차원의 도형이며 1차원인 선, 2차원인 평면도형, 3차원인 입체도형 모두 도형에 속한다. 각(角) 역시 도형에 속하며, 한 점에서 그은 두 반직선으로 이루어진 1차원적인 도형이다.

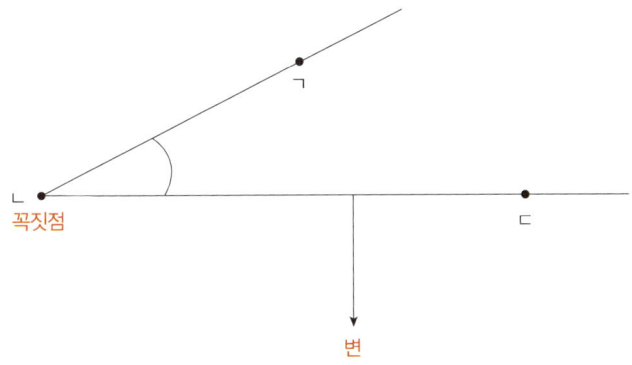

한 점 ㄴ에서 시작하는 두 반직선 ㄴㄱ, ㄴㄷ으로 이루어진 각이다. 이를 '각 ㄱㄴㄷ' 또는 '각 ㄷㄴㄱ'이라고 한다. 설명과 함께 꼭짓점이 각의 주인공이며 따라서 중앙에 온다는 것을 강조하면 이해를 도울 수 있다. 변(邊)은 가장자리라는 뜻으로 도형을 이루는 선분을 뜻한다. 선분(line segment)이 모여 평면도형을 이루면 변(side)이 되고 입체도형을 이루면 면과 면이 만나는 선분, 즉 모서리(edge)가 된다.

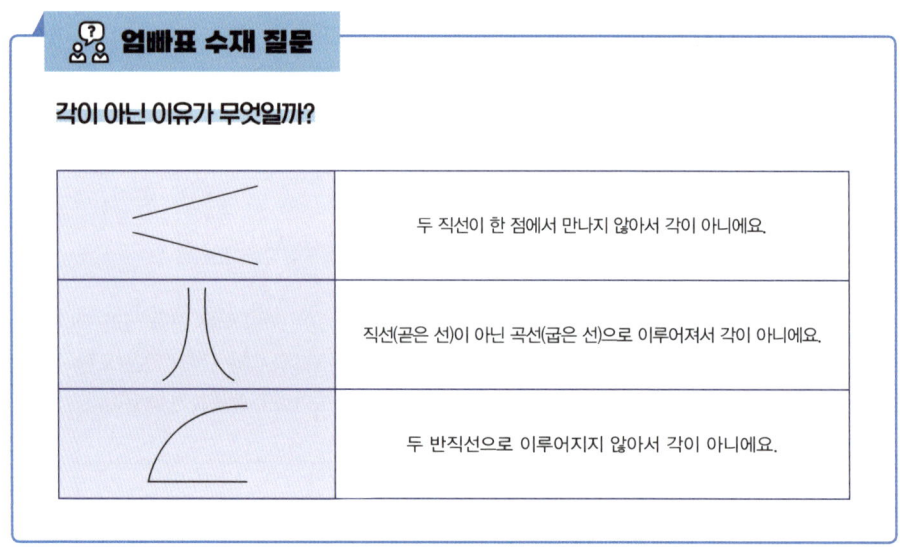

직각이란 사각형 종이를 반듯하게 두 번 접었을 때 생기는 각이다.

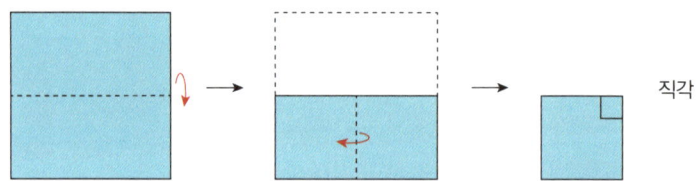

다른 말로는 직선 두 개가 만나 서로를 이등분했을 때 만들어지는 각이라고도 할 수 있다.

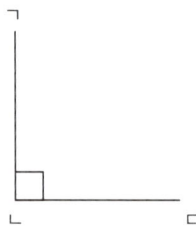

직각을 칭할 때도 각과 같이 꼭짓점이 가운데 오게끔 '직각 ㄱㄴㄷ' 또는 '직각 ㄷㄴㄱ'이라고 한다. 직각을 나타낼 때는 꼭짓점에 표시한다.

① **직각삼각형**

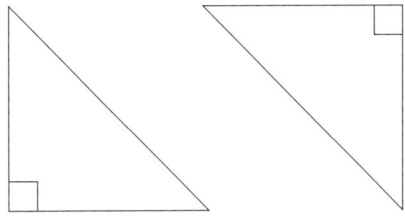

  −한 각이 직각인 삼각형
  −직삼각형(×), 직각삼각형(○)
  −두 각이 직각이면 삼각형이 될 수 없다.

② **직사각형**

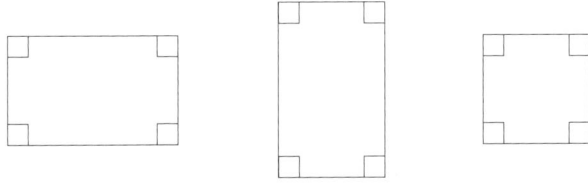

  −네 각이 모두 직각인 사각형
  −직각사각형(×), 직사각형(○)
  −마주 보는 변의 길이가 같다.

③ **정사각형**

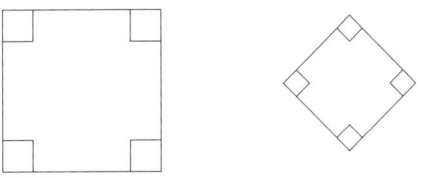

  −네 각이 모두 직각이고 네 변의 길이가 모두 같은 사각형
  −직사각형 중에 네 변의 길이가 모두 같은 사각형

엄빠표 수재 질문

이웃하는 변은 뭐고, 마주 보는 변은 뭐예요?

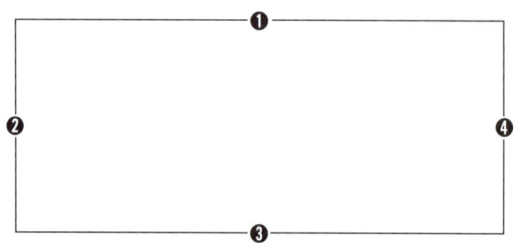

변이 4개 있구나. '이웃한다'란 이웃집처럼 왼쪽이나 오른쪽에 붙어 있는 것이고, '마주 본다'란 이웃하지 않고 서로 바라본다는 뜻이란다. 의미를 잘 생각하며 봤을 때, ①번과 이웃하는 변은 ②, ④번이고 마주 보는 변은 ③번이구나. ①번과 ③번처럼 서로 마주 보는 변을 대변이라고 한단다. 화장실에서 볼 수 있는 대변이 아니라, 대변(마주할 대, 변 변)이란다.

정사각형은 직사각형인데 왜 직사각형은 정사각형이 아닌가요?

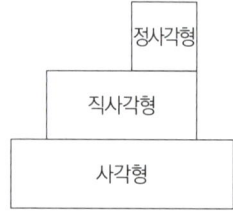

이야기를 하나 해줄게. 가장 바른(正) 사각형을 뽑는 대회가 있었어. 많은 사각형 중에 우선 네 각이 직각인 직사각형을 가려냈지. 그중에서 네 변의 길이가 같은 정(正)사각형이 1등이 되었단다.

직사각형은 네 각이 모두 같다는 조건만 충족하면 되지만, 정사각형은 네 각이 직각이면서 모든 변의 길이가 같다는 조건까지 있어. 그래서 정사각형은 직사각형이 되지만 직사각형은 정사각형이라고 할 수 없는 거란다.

직각삼각형은 직삼각형으로, 직사각형은 직각사각형이라고 부르면 안 되나요?

'직~'이 붙은 것은 모든 각이 직각이라는 뜻, '직각~'이 붙은 것은 직각이 1개 있다는 뜻이라고 사회적으로 약속했단다. 사과를 사과라고 부르기로 약속한 것처럼 말이야.

| 엄빠가 꼭 알아야 할 문제

 문제 1 직선 위에 네 점이 있을 때, 두 점을 잇는 직선과 선분은 총 몇 개일까요?

직선은 양쪽으로 끝없이 늘어진 선이니 직선 ㄱㄴ, ㄱㄷ, ㄱㄹ… 모두 같은 거라고 했었지? 즉, 직선은 1개야. 선분은 점과 점을 이은 직선이라는 걸 잘 떠올리며 세어보자. 선분 ㄱㄴ, 선분 ㄱㄷ, 선분 ㄱㄹ, 선분 ㄴㄷ, 선분 ㄴㄹ, 선분 ㄷㄹ. 선분은 모두 6개로구나. 문제에서 직선과 선분이 총 몇 개냐고 했으니 1 + 6 = 7, 총 7개야.

답 : 7개

 문제 2 노트에 5개의 점을 찍었습니다.

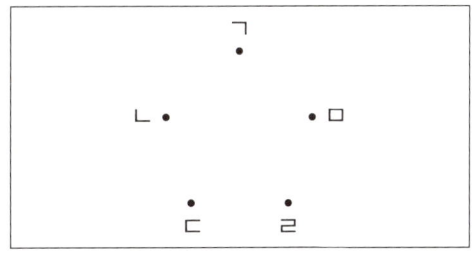

1) 2개의 점을 이어 그을 수 있는 선분은 모두 몇 개인지 구하세요.

우선 점 ㄱ과 이을 수 있는 선분이 몇 개일지 세어보자.

　　선분 ㄱㄴ, 선분 ㄱㄷ, 선분 ㄱㄹ, 선분 ㄱㅁ

모두 4개로구나. 점 ㄴ과 이을 수 있는 선분도 똑같이 4개일까? 잠깐, 방금 점 ㄱ과 점 ㄴ을 이은 선분 ㄱㄴ이 있었지. 그런데 점 ㄴ과 점 ㄱ을 이으면 선분 ㄴㄱ이네. 선분 ㄱㄴ과 선분 ㄴㄱ은 같은 것이니 점 ㄴ과 이을 수 있는 선분에서 빼야겠구나. 즉 3개란다.

선분 ㄴㄷ, 선분 ㄴㄹ, 선분 ㄴㅁ

점 ㄷ과 이을 수 있는 선분은 몇 개일까? 점 ㄷ과 점 ㄱ을 이은 선분 ㄷㄱ과 선분 ㄱㄷ, 점 ㄷ과 점 ㄴ을 이은 선분 ㄷㄴ과 선분 ㄴㄷ이 같다는 걸 잊지 마.

선분 ㄷㄹ, 선분 ㄷㅁ

점 ㄹ과 이을 수 있는 선분은 몇 개일까? 이미 이은 선분은 빼고 생각하자.

선분 ㄹㅁ

점 ㅁ과 이을 수 있는 선분은? 이미 다 연결해서 없구나! 이제 선분의 수를 모두 더하자. 4 + 3 + 2 + 1 + 0 = 10개로구나. 만약 '2개의 점을 이어 그을 수 있는 직선'을 구하는 문제였더라도 직선 ㄱㄴ과 직선 ㄴㄱ이 같으므로, 이을 수 있는 선분과 직선의 개수도 같다.

답 : 10개

2) 2개의 점을 이어 그을 수 있는 반직선은 모두 몇 개인지 구하세요.

점 ㄱ과 이어 그을 수 있는 반직선은 몇 개일까?

점 ㄱ에서 시작하여 점 ㄴ을 지나는 반직선 ㄱㄴ
점 ㄱ에서 시작하여 점 ㄷ을 지나는 반직선 ㄱㄷ
점 ㄱ에서 시작하여 점 ㄹ을 지나는 반직선 ㄱㄹ
점 ㄱ에서 시작하여 점 ㅁ을 지나는 반직선 ㄱㅁ

총 4개구나. 점 ㄴ에서 이을 수 있는 반직선은 반직선 ㄴㄷ, 반직선 ㄴㄹ, 반직선 ㄴㅁ, 반직선 ㄴㄱ, 4개야. 단, 선분이나 직선과는 달리 반직선 ㄱㄴ과 반직선 ㄴㄱ은 다른 것이니 빼면 안 돼. 점 5개에서 각각 반직선을 4개씩 그을 수 있으니 5 × 4 = 20, 총 20개구나.

답 : 20개

문제 3 크고 작은 직사각형의 개수를 모두 구하세요.

우와, 사각형이 정말 많네. 개수를 세는 문제를 풀 때는 센 것을 또 세거나 빼먹고 세는 걸 조심해야 한단다. 엄빠가 실수를 줄이는 꿀팁을 알려줄게.

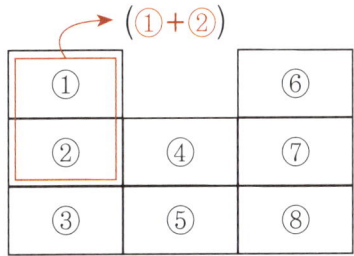

우선 사각형에 번호를 써. 일반 숫자와 구별하기 위해서 1보다는 ①을 사용하는 것이 좋단다. 그다음 크고 작은 사각형의 종류를 생각해 보는 거야. 사각형을 두 개, 세 개 붙이면 직사각형이 되지? 모든 경우의 수를 생각해야 한단다.

1개짜리 : ①, ②, ③, ④, ⑤, ⑥, ⑦, ⑧ → 8개
2개짜리 : (①+②), (②+③), (②+④), (③+⑤), (④｜⑥), (④+⑦), (⑤+⑧),
 (⑥+⑦), (⑦+⑧) → 9개
3개짜리 : (①+②+③), (②+④+⑦), (③+⑤+⑧), (⑥+⑦+⑧) → 4개
4개짜리 : (②+③+④+⑤), (④+⑤+⑦+⑧) → 2개
6개짜리 : (②+③+④+⑤+⑦+⑧) → 1개

빠뜨릴 수 있으니 순서대로 차근차근 정리하며 적는 게 좋아. 5개짜리는 사각형이 아니니까 세지 않아. 그러니 8 + 9 + 4 + 2 + 1 = 총 24개로구나.

답 : 24개

1학기 3단원
2학기 2단원

나눗셈

| 엄빠가 꼭 알아야 할 개념

나눗셈은 더하기, 빼기, 곱하기를 모두 사용하기 때문에 아이들이 가장 싫어하면서도 어려운 셈이다. 그래서 더하기, 빼기, 곱하기 훈련이 완벽히 되어 있을 때 공부하기가 더 수월하다.

① 1학기 3단원 나눗셈

곱셈의 기본 개념은 동수누가(同數累加)다. 같은 수를 누적해서 더함, 즉 같은 수를 반복해서 더하는 것을 빠르게 하기 위한 수단이다. 반면 나눗셈은 동수누감(同數累減)이다. 같은 수를 누적해서 뺌, 즉 같은 수를 묶어 빼는 것을 몇 번 해야 하는지 빠르게 세기 위한 수단이다. 나눗셈은 곱셈의 반대라는 개념을 이해하지 않고 암기하기만 하면 후에 분수 개념을 공부할 때 어려울 수 있다. 나눗셈의 등분제와 포함제 개념을 꼭 이해하도록 하자.

> 등분제 : 같은 크기로 똑같이 나누기
>   예) 사과 10개를 2개의 상자에 나누어 담으면 몇 개씩 담아야 할까요?
>   10 ÷ 2 = 5(개)
> 포함제 : 같은 수로 계속하여 빼기
>   예) 사과 10개를 한 상자에 2개씩 담으면 몇 개의 상자가 필요할까요?
>   10 − 2 − 2 − 2 − 2 − 2 = 0
>   10 ÷ 2 = 5(상자)

 **엄빠표 수재 도움활동**

가르기

모으기와 가르기를 배웠을 것이다. 같은 수를 모으는 것은 곱셈의 기초, 같은 수를 가르는 것은 나눗셈의 기초가 된다. 즉, 나눗셈은 똑같은 수로 가르는 것을 반복하는 것과 같다는 뜻이다. 이때 똑같은 수는 나누는 수, 나누어진 묶음을 몫, 나누고 남은 수를 나머지라고 한다.

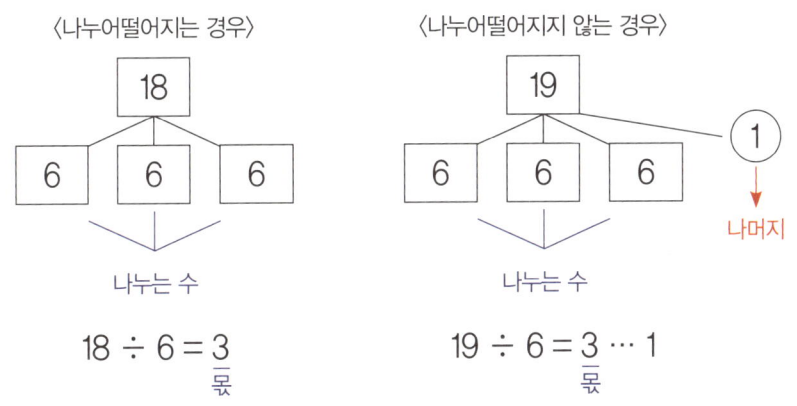

나눗셈을 가르기로 생각하면 한결 쉽게 이해할 것이다.

엄빠표 수재 질문

나눗셈 기호(÷)는 어떻게 만들어졌나요?

나눗셈 기호는 분수에서 만들어졌어. $\frac{분자}{분모}$ = 분자 ÷ 분모인데, 분자를 분모로 나누는 것을 나눗셈으로 표현한 것이란다. 스위스의 수학자 '란(Johann Heinrich Rahn, 1622-1676)'이라는 사람이 만들었지. 실제로 중학생이 되면 9 ÷ 2 처럼 나눗셈 기호를 쓰지 않고 분수를 활용해 $\frac{9}{2}$ 라고 적는단다.

검산은 계산 결과가 옳은지 확인하는 방법이다. 검산을 수월히 하기 위해서는 곱셈과 나눗셈의 관계에 대한 이해가 필요하다. 덧셈과 뺄셈이 서로 역연산 관계인 것처럼 곱셈과 나눗셈도 서로 역연산 관계이다.

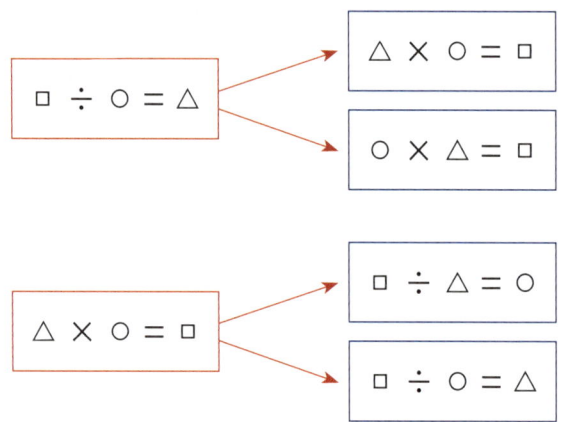

- 나누어떨어지는 나눗셈 검산식

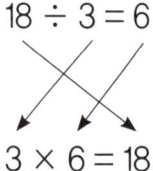

- 나머지가 있는 나눗셈 검산식

$19 \div 3 = 6 \cdots 1$
$3 \times 6 = 18 \rightarrow 18 + 1 = 19$

※ 3 × 6 = 18 + 1 = 19라고 적으면 등식이 성립되지 않으니 주의하자.

② 2학기 2단원 나눗셈

3학년 1학기는 구구단 범위에서 벗어나지 않으므로 원리를 잘 이해하지 못했더라도 어찌어찌 넘어갈 수 있다. 하지만 2학기에서는 받아내림이 없는 (몇십) ÷ (몇) 문제와 나머지를 갖는 (세 자리 수) ÷ (한 자리 수)의 계산 원리와 연산을 배우며 급격히 어려워진다.

이 과정에서 두 가지를 강조하고 싶다. 첫째는 가로셈을 능숙하게 해야 한다는 것, 둘째는 세로셈을 할 때 식을 내려쓰지 않는다는 것이다. 그만큼 원리를 이해하고 연습해야 한다는 의미다. 나눗셈은 최종적으로 분수를 학습하기 위한 개념이기에 나눗셈을 완성하지 못하면 이어서 배울 큰 수 나눗셈, 분수, 약분 등의 단원이 무척 어려울 것이다.

가로셈의 빠르기를 완성하려면 포함제, 즉 같은 수를 여러 번 빼기로 이해해야 한다. 만약 27 ÷ 2라면 가로셈으로 두고 20에서 2를 10번 빼고, 7에서 2를 3번 빼고 1이 남는다. 43 ÷ 3이라면 가로셈으로 두고 40에서 3을 10번, 즉 30을 빼고 나머지 13에서 3을 4번 빼면 1이 남는다.

물론 가로셈이 세로셈에 비해 어렵다. 하지만 가로셈의 원리를 이해해 두면 세로셈이 쉬워지고, 최종적으로는 세로셈으로 내려 쓰지 않고도 즉답할 수 있게 된다.

$$5\overline{\smash{)}68}\begin{array}{r}13\cdots3\\\underline{5}\\18\\\underline{15}\\3\end{array} \quad\rightarrow\quad 5\overline{\smash{)}68}^{\,13\cdots3} \quad\rightarrow\quad \frac{68}{5}=13\frac{3}{5}$$

〈나눗셈의 응용 과정〉

1학기 때 검산식 쓰기를 연습했다면 2학기 때는 검산식으로 나누어떨어지는 경우를 생각해야 한다. 나누어떨어지는 경우를 생각해 놓으면 5학년의 배수와 약수 응용문제, 고등학교 때 다항식의 곱셈·나눗셈에서 나머지 정리를 쉽게 할 수 있다. 예로, 30 ÷ 4를 나누어떨어지는 식으로 바꾸어 보자.

$$30-\boxed{4}-\boxed{4}-\boxed{4}-\boxed{4}-\boxed{4}-\boxed{4}-\boxed{4}=2$$

4를 7번 뺐더니 2가 남는다. 즉, 30 ÷ 4가 아니라 28 ÷ 4였다면 나누어떨어진다는 뜻이다. 이를 식으로 정리하면 다음과 같다.

　　나눗셈식 : 30 ÷ 4 = 7···2
　　나누어떨어지는 식 : (30 − 2) ÷ 4 = 7

엄빠가 꼭 알아야 할 문제

 문제 1 9□ ÷ 8을 계산했을 때, 나머지가 될 수 있는 가장 큰 수를 구하세요.

빈칸이 있어서 채워야 할 것 같겠지만 사실 그건 눈속임이야. 우리가 주목해야 하는 부분은 '나누는 수', 8이란다. 나눗셈은 같은 수를 거듭 빼는 것과 같다고 했지? 8씩 계속 뺄 수 없는 수는 무엇이 있을까? 8보다 작은 수, 즉 1, 2, 3, 4, 5, 6, 7이로구나. 따라서 나머지가 될 수 있는 가장 큰 수는 7이야.

답 : 7

 문제 2 두 수가 있습니다. 두 수의 합은 56이고 큰 수를 작은 수로 나누면 몫이 6입니다. 두 수를 구하세요.

두 가지 조건으로 두 수를 구하는 문제구나. 일단 모르는 두 수 중 큰 수를 ○, 작은 수를 △라고 하자. 이때 같은 모양이면 같은 수라는 뜻이 되니 서로 다른 모양으로 놓아야 해. 이제 두 조건을 식으로 정리해 볼까?

① ○ + △ = 56
② ○ ÷ △ = 6

①번은 생각해야 할 수가 너무 많으니, ②번 먼저 생각해 보자. 나눗셈을 곱셈으로 바꾸면 ○ = △ × 6이라고 생각할 수 있겠네. 6의 곱을 헤아리며 ○ + △ = 56을 찾아보자.

6 × △ = ○
6 × 1 = 6 → 1 + 6 = 7   56이 되려면 한참 모자라네.
  ⋮
6 × 7 = 42 → 7 + 42 = 49   56이 되기까지 조금 남았구나.
6 × 8 = 48 → 8 + 48 = 56   △ = 8, ○ = 48이구나.

답 : 48, 8

문제 3 길이가 54m인 도로에 6m 간격으로 가로등을 세우려고 합니다. 도로의 시작과 끝에도 가로등을 세운다면 모두 몇 개인지 구하세요. (단, 가로등의 두께는 생각하지 않습니다.)

우선 가로등과 가로등 사이의 간격 수를 구해보자. 54m를 6m 간격으로 똑같이 나누면 되겠지? 식으로 나타내면 54 ÷ 6 = 9구나. 간격이 9개일 경우 필요한 가로등 수는 몇 개니?

필요한 가로등 수는 9개 아닐까요?

다시 생각해 보자. 필요한 가로등 수를 모두 그리는 것보다 축소화 전략을 사용하면 좋아. 우리가 필요한 건 간격이 9개일 경우지만, 간격이 2개일 경우부터 생각해 보는 거야.

그림을 보니 첫 번째 간격이 생기려면 가로등 2개가 필요하고, 여기서 가로등이 하나씩 늘어날 때마다 간격도 하나씩 더해지는구나. 그렇다면 간격이 3개일 경우 필요한 가로등은 4개, 간격이 4개일 경우 필요한 가로등은 5개…. 즉, (간격 수) + 1 = (가로등 수)구나. 따라서 간격이 9개일 경우, 필요한 가로등 수는 9 + 1 = 10(개)이야.

이런 문제는 다양한 유형이 있단다. 이 문제는 도로 한쪽만 구했지만, 도로가 양쪽이었다면 몇 개가 필요할까? 그렇지, 10 × 2 = 20(개)이야. 문제를 읽을 때 주의해야겠지? 또, 쭉 뻗은 도로가 아니라 둥근 호수가 등장할 때도 있어. 이 문제의 장소가 호수였다면 간격이 9개일 때 놓인 가로등 수는 몇 개일까? 이때도 축소화 전략을 사용할 수 있어. 우선 간격이 3개인 경우를 구해보자.

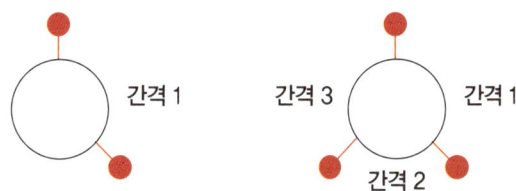

첫 번째 간격이 생기려면 가로등 2개가 필요하고, 간격이 2개가 되려면 가로등이 1개 더 필요하겠구나. 잠깐! 가로등을 1개 더 놓았더니 간격이 2개가 아니라 3개가 되었잖아? 간격이 3개 생기려면 필요한 가로등 수가 3개이니, 즉 (간격 수) = (가로등 수)로구나. 간격이 9개라고 하였으니 필요한 가로등 수는 9개겠지.

답 : 10개

 문제 4 길이가 다른 막대가 2개 있습니다. 긴 막대의 길이는 짧은 막대의 길이보다 30cm 더 길고 두 막대 길이의 합은 40cm입니다. 긴 막대의 길이는 몇 cm일까요?

복잡한 문제의 경우 그림 그리기 전략으로 풀면 좋단다. 문제를 그림으로 나타내 보자.

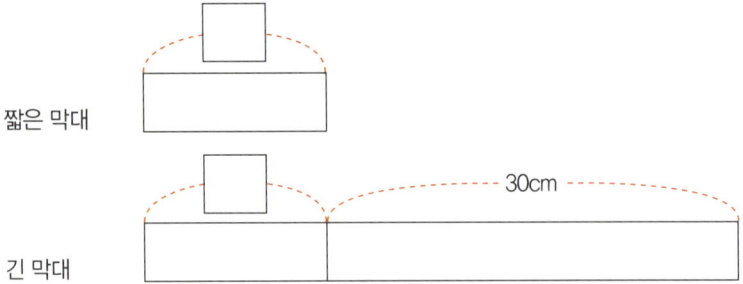

길고 짧은 막대가 구분되도록 그려보렴. 아직 알 수 없는 수는 □라고 놓으면 좋겠지? 짧은 막대의 길이는 □, 긴 막대는 짧은 막대보다 30cm 더 길다고 했으니 □ + 30으로 표현할 수 있겠구나.

두 막대의 길이의 합 = 짧은 막대 + 긴 막대
= □ + (□ + 30)
= □ + □ + 30 = 40
→ □ + □ = 10
□ = 5(cm)

짧은 막대가 5cm이므로 긴 막대는 5 + 30 = 35(cm)라는 걸 구할 수 있단다.

답 : 35cm

문제 5 어떤 수를 8로 나누어야 할 것을 잘못하여 6으로 나누었더니 몫이 25, 나머지가 3이 되었습니다. 바르게 계산했을 때 몫과 나머지는 얼마인지 구하세요.

우선 잘 모르는 어떤 수를 □라고 하자. 잘못된 계산식으로 어떤 수 □를 구한 뒤, 바르게 계산하면 되겠구나. 3학년 1학기 1단원(105쪽)에서 알려준 '오징어 게임' 풀이법 기억하니? 잘못된 계산식은 △, 어떤 수 구하기는 □, 바르게 계산하기는 ○으로 표시하는 방법이지. 이 문제도 '오징어 게임'으로 정리해 보자.

$\triangle : \square \div 6 = 25 \cdots 3$

$\square : 6 \times 25 + 3 = 153$

$\bigcirc : 153 \div 8 = 19 \cdots 1$

바르게 계산한 몫은 19, 나머지는 1이구나. 이렇게 풀이 과정을 쓰니 간단하고 알아보기도 쉽지?

답 : 몫 19, 나머지 1

1학기 4단원
2학기 1단원

곱셈

| 엄빠가 꼭 알아야 할 개념

1학년 때 덧셈과 뺄셈, 2학년 때 구구단을 배우고 3학년 때 이 두 가지를 기반으로 곱셈을 배운다. 3학년 곱셈의 핵심은 빠르기이다. 이때 연산이 빠르면 이어지는 과정도 수월하지만, 연산이 느리면 수학이 재미없어진다. 어떻게 하면 빠르기가 완성될까? 바로 완벽하고 정확한 덧셈·뺄셈·구구단 실력이 뒷받침되어야 한다. 반대로 계산이 느리면 해당 개념 이해에 오류가 있다는 뜻이다. 수학은 듣고 이해하는 지식 과목이 아니다. 반복 연습을 통해 스스로 익혀야 하는 기능 과목이다. 특히 수와 연산 영역은 더더욱 기능적인 성격이 강하다. 즉, 가정에서의 학습과 연습이 중요하다.

2학년이 지나기 전에 곱셈 개념의 이해를 마치지 않으면 25 × 2와 같은 간단한 셈을 일일이 세로셈으로 계산하고 있을 것이다. 사실 25 × 2의 경우 곱셈보다는 25 + 25 = 50처럼 덧셈으로 구하는 것이 훨씬 빠르다. 곱셈은 같은 수를 더하는 것을 빠르게 하기 위한 것인데, 종종 덧셈이 더 빠르다는 것도 이해하지 못하고 의미 없는 곱셈을 하는 아이들을 보면 안타깝다.

곱셈은 아래에서 위로 향해야 쉽게 계산할 수 있다.

$$\begin{array}{r} 3\,2 \\ \times\ 6 \\ \hline \end{array}$$

② ↖ ①

① 6 × 2 = 12
② 6 × 3 = 18

이런 순서로 계산하면 구구단으로 연계해 쉽게 셈할 수 있다. 이때 대부분 식에 작은 글씨로 올림한 수를 표시하게 하는데, 고학년으로 갈수록 올림한 수를 쓰지 않고 기억했다가 곧장 계산할 수 있는 훈련을 하기를 권장한다. 올림한 수를 쓰면 당장 정확도는 높아질 것이다. 하지만 습관이 들어 간단한 (두 자리 수) × (한 자리 수) 계산에도 하나하나 올림한 수를 쓰다가 속도가 중요한 4·5·6학년 수학에서 발목을 잡힐 수 있다.

아이가 수 감각이 매우 좋다면 계산할 때 백의 자리부터 적게끔 훈련하는 것을 가장 권장한다.

```
   32
 ×  6
  192
  ①②③
```

어려워 보일지도 모르지만, 생각 외로 이렇게 연산하는 것이 가능한 아이들이 아주 많다. 백의 자리부터 수를 보는 눈을 갖게 되면 이어지는 큰 수 계산도 간단해지고, 수학에 대한 자신감도 쑥쑥 자란다. 아이의 가능성을 믿고 기다려 주자.

엄빠가 꼭 알아야 할 문제

문제 1 길이가 42cm인 색 테이프 5장을 4cm씩 겹치게 이어 붙였습니다. 이어 붙인 색 테이프의 전체 길이는 몇 cm인지 구하세요.

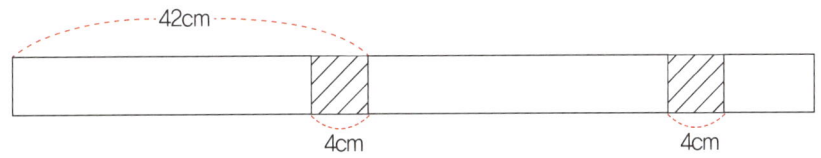

만약 겹치지 않고 이어 붙였다면 42 × 5 = 210(cm)이었겠지. 하지만 겹치면 길이가 더 짧아지네! 이때 몇 cm 짧아지는지 알아볼까? 축소화 전략으로 생각하자.

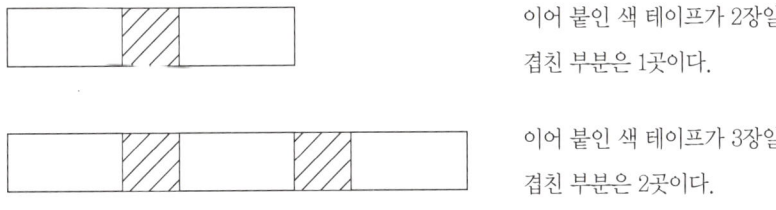

이어 붙인 색 테이프가 2장일 때, 겹친 부분은 1곳이다.

이어 붙인 색 테이프가 3장일 때, 겹친 부분은 2곳이다.

이를 식으로 나타내면 다음과 같아.

(이어 붙인 색 테이프 개수) − 1 = (겹친 부분)

즉, 5장을 이어 붙이면 겹친 부분은 4곳이겠구나. 겹친 부분의 길이는 4cm이니, 4 × 4 = 16(cm)이야. 전체에서 짧아진 16cm를 빼면 되겠지?

(이어 붙인 색 테이프 전체 길이) = (색 테이프 5장 길이의 합) − (겹친 부분 길이의 합)
= 210 − 16 = 194(cm)

답 : 194cm

문제 2 1부터 9까지의 수 중에서 □ 안에 들어갈 수 있는 자연수를 모두 구하세요.

$$45 \times 2 > 15 \times \square$$

우선 45 × 2 = 90을 구해야겠구나. 구한 값을 넣으면 90 > 15 × □가 되네. □에 들어갈 수 있는 수를 어림해 보자. 어떤 수로 어림하면 좋겠니?

4를 넣어봐요!

15 × 4 = 60이지. 90보다 작은 수구나. 다음으로 무슨 수를 넣어볼까?

7을 넣어봐요!

15 × 7 = 105구나. 90보다 큰 수이니 더 작은 수를 넣자. 6은 어떨까? 15 × 6을 계산해도 되지만 15 × 7에서 15를 뺀 것과 같지. 15 × 7의 값을 알고 있으니 15를 빼는 것이 훨씬 쉽겠구나.

15 × 6 = 15 × 7 − 15 = 105 − 15 = 90

□에 6을 넣으면 값이 딱 90이니 들어갈 수 없어. 그럼 6보다 작은 수가 모두 들어갈 수 있겠지? □에 들어갈 수 있는 수는 1, 2, 3, 4, 5란다.

답 : 1, 2, 3, 4, 5

문제 3 □ 안에 들어갈 수 있는 자연수 중에서 가장 작은 수를 구하세요.

$$427 \times \square > 2900$$

수가 커지면 어림을 해야 한단다. 427은 400과 500 중 400에 더 가까우니 400으로 어림해 보자. 400 × □ > 2900으로 두면 조금 더 쉬워지지. 이젠 구구단으로도 예상할 수 있는 문제가 되었어. 우선 어떤 수로 어림하면 좋겠니?

6을 넣어봐요!

400 × 6 = 2400. 6을 넣으면 2900보다 한참 작은 수가 되니 6보단 큰 수를 예상해야겠구나. 어떤 수가 좋을까?

7을 넣어봐요!

400 × 7 = 2800. 7을 넣으니 2900에 가까워졌구나. 427 × 7은 2900보다 크다고 예상할 수 있겠다. 한번 계산해 볼까?

427 × 7 = 2989

2989가 2900보다 크구나! 따라서 □에 들어갈 수 있는 자연수는 7, 8, 9, 10…. 이 중 가장 작은 수는 7이겠구나!

답 : 7

1학기 5단원

길이와 시간

| 엄빠가 꼭 알아야 할 개념

해당 단원에서는 2학년 때 배운 1cm와 1m를 기준으로 1cm보다 작은 단위 1mm(1밀리미터), 1m보다 큰 단위 1km(1킬로미터)를 배운다. 각 단위의 변환도 어려운데 심지어 0이 붙는 개수도 단위마다 달라진다.

10mm = 1cm   100cm = 1m   1000m = 1km

시간도 마찬가지로 시, 분에서 초까지 배우게 되고 더하여 받아올림이 2번 있는 시간의 합이나 받아내림이 2번 있는 시간의 차를 계산하는 것이 등장해 아이들이 어려워하는 단원 중 하나다. 앞서 말했듯이 측정 단원에서 가장 중요한 것은 실생활에서의 경험이다. 본인의 키나 신발의 길이를 재고, 1km가 어느 정도 되는지 함께 걸으며 가늠해 보는 것도 좋다. 아날로그시계를 보고 읽는 습관을 들이며 틈틈이 시간 관련 질답을 나누도록 하자.

엄빠표 수재 질문

왜 km(킬로미터)는 m(미터)의 1000배예요?

km의 'k'는 고대 그리스어 'khílioi(천, 1000)'에서 유래되었단다. 그래서 1km는 1m의 1000배, 즉 1000m라는 의미. 1kg(킬로그램)도 1g(그램)의 1000배, 1000g이라는 뜻이지. 이처럼 단위에 'k'가 붙으면 1000배라는 뜻이란다.

🆘 엄빠표 수재 도움활동

시각과 시간 묻기

시각과 시간은 측정 단원 중에서도 일상생활에서 가장 친숙한 개념이다. 예를 들어 버스가 6분 후에 온다거나 카메라 타이머를 10초로 설정하는 등 학습 목표가 아니더라도 이미 사용하고 있을 것이다. 이러한 과정은 수학에 대한 부담감을 줄여준다.

1시간 30분 후는 몇 시일까? (시각)
영화가 4시에 시작해서 5시 40분에 끝난다면 몇 시간 동안 상영하는 걸까? (시간)

2학년 2학기 시각과 시간 단원에서 둘을 구분하는 법을 배웠다. 개념을 더욱 다지기 위해 다양한 질문을 하고 이야기를 나누자. 구체적인 상황 속에서 자연스럽게 구별하여 사용할 수 있는 정도만 짚어주면 충분하다.

엄빠가 꼭 알아야 할 문제

 문제 1 길이가 가장 짧은 것을 찾아 기호를 쓰세요.

> ㉠ 3km 40m   ㉡ 3004m
> ㉢ 4km 3m   ㉣ 3400m

길이를 비교하는 문제이니 단위를 통일하면 되겠구나. 우리는 몇 km 몇 m로 바꾸어 볼까? 먼저 ㉡을 보자. 1000m는 1km이니, 3000m는 3km로 바꿀 수 있어. ㉡은 3km 4m와 같구나. 이어서 ㉣도 같은 방법으로 3km 400m로 바꿀 수 있겠지.

㉡ 3004m = 3km 4m
㉣ 3400m = 3km 400m

이제 길이를 비교하자. km를 먼저 비교해야겠지? 가장 긴 것은 4km 3m인 ㉢이야. 나머지는 모두 3km이니 m 부분을 비교하자. 40m, 4m, 400m 중 가장 짧은 것은 4m야. 따라서 가장 짧은 길이는 3km 4m, ㉡이로구나.

답 : ㉡

문제 2 더 긴 시간의 기호를 쓰세요.

㉠ 5분 7초   ㉡ 350초

1분이 60초라는 것만 알면 어렵지 않아. ㉠을 초로 바꾸거나, ㉡을 분으로 바꾸면 되겠구나. 둘 다 해볼까?
먼저, ㉠을 초로 바꾸자. 5분을 초로 바꾸려면 5 × 60 = 300(초)을 계산하면 되겠구나. 남은 7초도 잊지 않고 더해줘야겠지. 그럼 ㉠은 307초로구나. 부등호 기억나지? 부등호로 결과를 정리해 보자.

㉠ 307초   <   ㉡ 350초

부등호로 나타내 보니 ㉡이 더 긴 시간이라는 걸 알 수 있구나!
이어서 ㉡을 분으로 바꾸어 보자. 350초를 분으로 바꾸려면 350 ÷ 60을 해야 해. 어려우면 350과 60에 있는 0을 각각 떼고 생각해 보자. 35 ÷ 6은 간단하지? 그래, 몫은 5고 나머지로 5가 남는구나. 이때 나머지에 아까 뗐던 0을 도로 붙여 주자. 즉, 350초는 5분 50초란다. 부등호로 결과를 정리해 보자.

㉠ 5분 7초   <   ㉡ 5분 50초

이번에도 ㉡이 더 긴 시간이라는 걸 알 수 있었어. 그때그때 네가 좋아하는 방법으로 풀면 된단다.

답 : ㉡

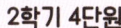

분수와 소수
분수

| 엄빠가 꼭 알아야 할 개념

초등 수학에서 무슨 단원이 가장 중요하냐고 물으면, 어떤 수학 강사라도 '분수'라고 답할 것이다. 이렇게 중요한 분수를 배우기 시작하는 초등 3학년 과정에서 분수의 정의와 개념을 정확히 이해해야 한다.

분수(分數)란 무엇인가? 한 줄로 정의하긴 어렵지만 간단하게 말하자면 분수는 나누기(÷)다!

$$\frac{분자}{분모} = 분자 \div 분모 \qquad \frac{\bigcirc}{\bigstar} = \bigcirc \div \bigstar \qquad \frac{별타}{쌤} = 별타 \div 쌤$$

$$\frac{1}{6} = 1 \div 6 \qquad \frac{3}{5} = 3 \div 5 \qquad \frac{10}{5} = 10 \div 5$$

분수의 모양을 본떠 만든 것이 '÷' 모양이듯, 분수가 곧 나누기라는 것을 이해하고 각 수가 분수일 때의 위치와 나눗셈일 때의 위치를 올바르게 파악해야 한다.

다음으로 중요한 것은, '분수는 똑같이 나누기'라는 것이다. 똑같이 나눈다, 즉 등분한다는 의미이다. 분수는 자연수로 표현할 수 없는 양을 나타내고자 만들어졌다는 점을 연계해서 설명하자.

🗨️ 엄빠표 수재 질문

분수는 왜 생겨났을까요?

분수가 생기기 전에는 자연수밖에 없었단다. 그러던 어느 날, 이집트인들에게 불편한 일이 생겼어. 이집트는 공동생활을 했기 때문에 생산한 물건을 똑같이 나누는 것이 무척 중요한 일이었지. 그런데 3개를 4명이 나누어야 하는 상황이 생기고 말았단다. 그래서 공평하게 분배하고자 분수를 발명한 거지. 요컨대 분수는 나누기 위해 만든 수고, 자연수로 나타낼 수 없는 양도 표현할 수 있단다.

분수는 분모만큼 똑같이 나누어(등분하여) 분자만큼 나타낸 수이다. 이 개념을 기억하며 분수 읽는 법을 연습한다. 이때, 분모 분의 분자가 아니라 분모 등분의 분자라고 읽게끔 지도해 보자. 자연스럽게 개념이 잡힌다.

$$\frac{○}{★} \rightarrow ★등분의 ○$$

$\frac{1}{6}$ → 6등분의 1, 6으로 똑같이 나눈 것 중의 1

$\frac{3}{5}$ → 5등분의 3, 5로 똑같이 나눈 것 중의 3

① 분수의 여러 가지 의미

• 전체를 똑같이 나눈 것의 한 부분

$$\frac{1}{4} = \frac{부분}{전체} = 전체를\ 4등분한\ 것\ 중\ 한\ 부분$$

이 의미를 이해했다면, 20의 $\frac{1}{4}$ 은 무엇인지 쉽게 답할 수 있다.

20을 4개로 똑같이 나눈 것 중의 한 부분
$20 \div 4 \times 1 = 5$

20의 $\dfrac{1}{4}$을 이해한 것 같다면 20의 $\dfrac{3}{4}$이 몇인지도 질문해 보자.

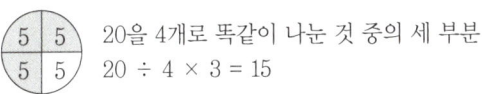

20을 4개로 똑같이 나눈 것 중의 세 부분
$20 \div 4 \times 3 = 15$

• 몫

자연수 ÷ 자연수에서는 나눗셈의 몫을 분수로 나타낼 수 있다. 나눗셈 $2 \div 3$을 분수 $\dfrac{2}{3}$로 만들 수 있어야 하고, 역으로 분수 $\dfrac{2}{3}$를 나눗셈 $2 \div 3$으로 만들 수 있어야 한다. 이를 이해했다면 2개를 3명에게 똑같이 나눴을 때 한 사람이 가지는 몫을 구할 수 있다.

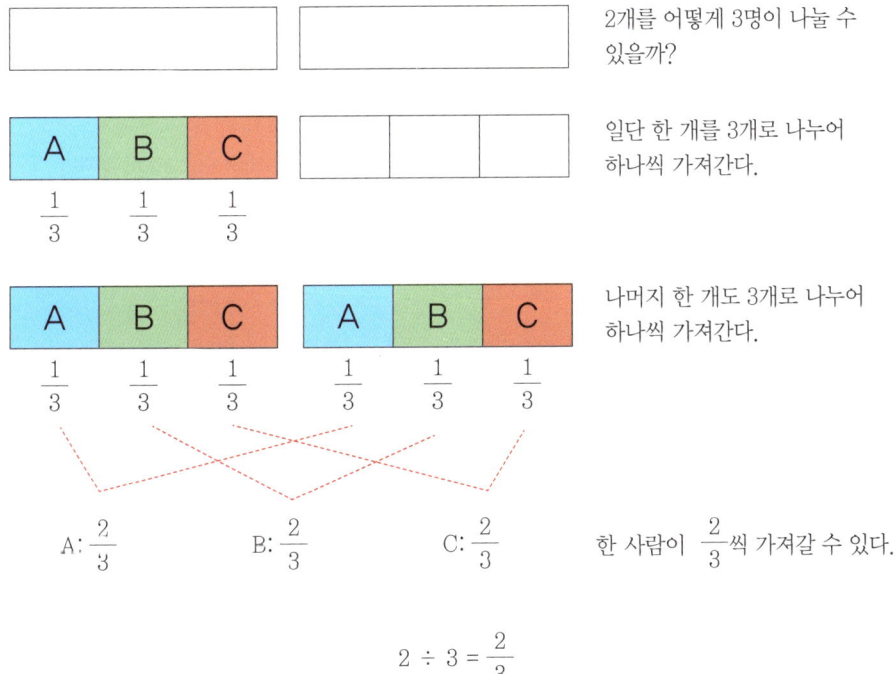

• 비율

비교하는 양의 의미로 두 양이 있을 때, 어떤 양에 대한 다른 양의 상대적인 크기를 나타내는 것이다. 사과가 3개, 배가 2개 있을 때 사과에 대한 배의 비는 $\dfrac{2}{3}$, 배에 대한 사과의 비는 $\dfrac{3}{2}$ 이라고 분수로 나타낼 수 있다.

📖 엄빠표 수재 어휘

단위 분수(單位 分數, unit fraction)

단위 분수란 분자가 1인 분수로, 분수가 전체를 나눈 비율에서 나온 개념이다. 전체를 1로 보고 이것을 등분한 부분의 비율을 뜻하므로 가장 자연스러운 분수이기도 하다. 'unit'이 한 조각을 뜻한다고 설명하거나 '단위(單位)'라는 한자어를 통해 홀로 자리에 있다고 설명해 주자.

단위 분수의 예를 들어보자.

$$\frac{1}{2}, \frac{1}{3}, \frac{1}{4}, \frac{1}{5} \cdots$$

이때 $\frac{1}{2}$ 과 $\frac{1}{5}$ 중 더 작은 수는 $\frac{1}{5}$ 이다. $\frac{1}{2}$ 은 두 개로 똑같이 나눈 것 중 하나고, $\frac{1}{5}$ 은 다섯 개로 똑같이 나눈 것 중 하나이므로 보다 많이 쪼갠 것이 더 작다. 그래서 분자가 같을 땐 분모가 큰 쪽이 더 작은 것이다.

고민1 **아이가 분수의 크기 비교를 어려워해요.**

분수의 크기가 가늠이 안 된다면, 분수 막대 그리기를 추천한다. 분수 막대란, 같은 길이의 막대를 각각 수대로 등분해서 나타낸 것이다. 예를 들어 12cm짜리 막대를 두 개 그려 하나는 이등분, 하나는 십이 등분해 보자. 분수 막대마다 한 칸씩 색칠해 보면, $\frac{1}{2}$ 보다 $\frac{1}{12}$ 이 훨씬 작다는 것을 알 수 있다. 여기서 분수는 나누기를 뜻한다는 것을 짚어주자.

$$\frac{1}{2} = 1 \div 2 \rightarrow 1조각을 2개로 똑같이 나눈 것$$

$$\frac{1}{12} = 1 \div 12 \rightarrow 1조각을 12개로 똑같이 나눈 것$$

이런 과정을 통해 자연스럽게 $\frac{1}{2} > \frac{1}{12}$ 이라는 걸 이해하게 된다. 또는 구체적인 예시를 들어 주어도 좋다. 둥근 케이크 하나를 2명이 나누어 먹을 때와 12명이 나누어 먹을 때, 어느 쪽이 더 많이 먹을 수 있을까? 2명이 나누어 먹는 편이 더 큰 조각을 먹을 것이다. 따라서 $\frac{1}{2}$ 이 $\frac{1}{12}$ 보다 크다는 걸 알 수 있다.

진분수(眞分數, proper fraction)

분수는 사과 반쪽이나 먹다 남은 케이크처럼 0도 아니고 1도 아닌 크기를 나타내기 위해 만들어진 개념이다. 따라서 분자가 분모보다 작은 것을 진분수라고 한다. 진분수는 참분수, 즉 진짜 분수라는 뜻이다. 예를 들어 $\frac{2}{3}$, $\frac{3}{5}$, $\frac{7}{10}$…처럼 크기가 1보다 작은 분수를 말한다. 요샛말로 하면 찐분수라고 할까?

가분수(假分數, improper fraction)

가분수는 분자가 분모와 같거나 분모보다 큰 분수다. 분수는 1보다 작은 수를 나타내기 위해 만들어진 것이니 1과 같거나 1보다 큰 분수는 가짜 분수라고 할 수 있다. 가분수는 가짜 분수, 참되지 않은 거짓 분수라는 뜻이다. 또, 가분수는 자연수와 대분수로 나눌 수 있다. 정사각형 1개가 곧 1이라고 하자.

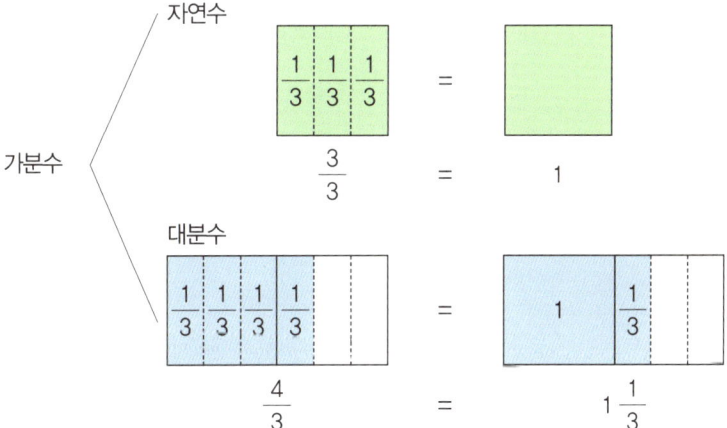

예를 들어 $\frac{3}{3}$, $\frac{4}{3}$, $\frac{5}{3}$…는 1과 같거나 큰 분수다. 머리가 몸보다 큰 동물이나 인형을 보고 가분수라고 하는 것도 여기에서 나온 말이다.

> **대분수(帶分數, mixed fraction)**
>
> 대분수는 자연수와 진분수의 합으로 이루어진 분수이며 $1\frac{1}{3}$, $2\frac{1}{4}$, $3\frac{3}{5}$ …등이 있다. '대(帶)'는 '허리띠 대'라는 의미로, 자연수가 허리띠를 두른 것 같아 붙은 이름이다. 아이에게 대(大)분수가 아니라는 것을 이야기해 주자. 대분수의 영어 명칭인 'mixed'는 자연수와 진분수를 합하였음을 의미하며, $1\frac{1}{3}$ 은 원래 $1+\frac{1}{3}$ 이지만 더하기 기호를 생략한 것이다.

② 분수의 크기

• 분모가 같은 분수

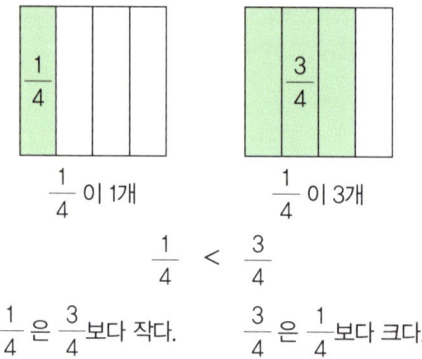

분모가 같다는 것은 1을 같은 수로 등분했다는 의미다. 등분한 한 조각의 크기가 같으므로 분자를 비교하기만 하면 된다. 분모가 같은 4일 때 분자가 1인 $\frac{1}{4}$ 보다 분자가 3인 $\frac{3}{4}$ 이 더 크다.

이는 분모가 같은 가분수의 경우에도 동일하다. 예를 들어 $\frac{5}{4}$ 는 $\frac{1}{4}$ 이 5개 있고, $\frac{7}{4}$ 은 $\frac{1}{4}$ 이 7개 있는 것이다. 따라서 $\frac{7}{4}$ 이 $\frac{5}{4}$ 보다 더 크다.

대분수의 크기를 비교할 때는 자연수 부분의 크기를 먼저 비교해야 한다. $2\frac{1}{3}$ 과 $1\frac{2}{3}$ 의 자연수를 비교하면 2가 1보다 크므로 $2\frac{1}{3}$ 이 $1\frac{2}{3}$ 보다 더 크다는 걸 한눈에 알 수 있다. 반면 $2\frac{1}{3}$ 과 $2\frac{2}{3}$ 처럼 분모와 자연수 부분의 크기가 같다면 진분수나 가분수의 경우와 마찬가지로 분자의 크기를 비교하며, 분자가 큰 분수가 더 크다.

마지막으로, 분모가 같은 가분수와 대분수의 경우 대분수를 가분수로 바꾸거나 가분수를 대분수로 바꾸어 한 가지로 통일한 뒤 같은 방법으로 비교하면 된다.

• 분자가 같은 분수

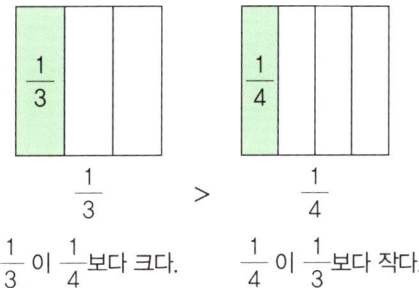

1을 3으로 나눈 것보다 1을 4로 나눈 것의 면적이 작으므로 $\frac{1}{4}$ 이 $\frac{1}{3}$ 보다 작다는 것을 알 수 있다. 그러나 아이가 직관적으로 헤아리지 못한다면, 빵 1개를 3명이 나누어 먹는 것($\frac{1}{3}$)과 빵 1개를 4명이 나누어 먹는 것($\frac{1}{4}$) 중 어느 쪽 빵 조각이 더 클지 이야기를 나누어 보자.

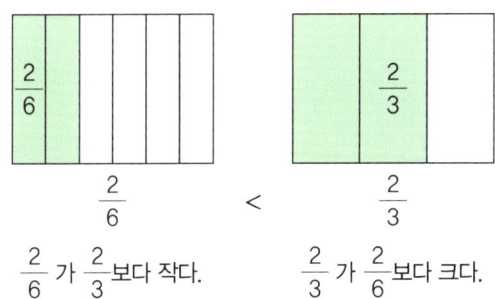

분자가 2로 같지만, 분모가 서로 다르다. 빵 2개를 6명이 나누어 먹는 것($2 \div 6 = \frac{2}{6}$)과 빵 2개를 3명이 나누어 먹는 것($2 \div 3 = \frac{2}{3}$) 중 어느 쪽 빵 조각이 더 클지 생각해 보도록 지도하자. 이처럼 연습을 통해 분자가 같은 경우 분모가 크면 보다 작고, 분모가 작으면 보다 크다는 것을 이해하게 된다.

③ **자연수와 분수**

• 10의 $\frac{1}{2}$

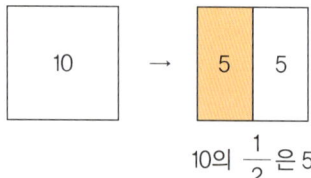

10의 $\frac{1}{2}$은 5

• 12의 $\frac{2}{3}$

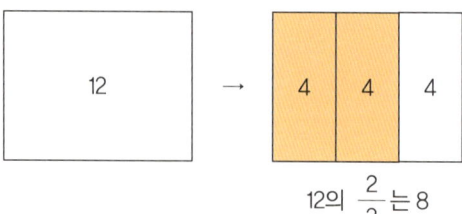

12의 $\frac{2}{3}$는 8

• 50의 $\frac{3}{5}$

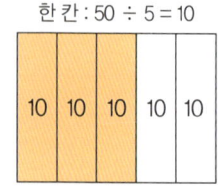

10 + 10 + 10 = 10 × 3 = 30

50의 $\frac{3}{5}$은 30

• 48의 $\frac{5}{6}$

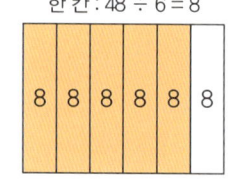

8 + 8 + 8 + 8 + 8 = 8 × 5 = 40

48의 $\frac{5}{6}$는 40

사각형 1개를 분모만큼 등분하고 주어진 수를 모으기 한다고 생각하면 된다. 이러한 과정을 수월히 하기 위해 나눗셈과 곱셈이 훈련되어 있으면 좋다.

④ 부분은 전체의 얼마일까?

• 5는 10의 얼마일까?

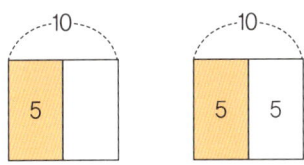

전체가 10, 부분이 5다. 10을 5로 먼저 가르고 남은 칸에 나머지를 적는다. 전체를 똑같이 나눌 수 있었다면, 즉 등분할 수 있었다면 분수로 나타낼 수 있다는 의미다. 따라서 '5는 10을 똑같이 2로 나눈 것 중 1개', 또는 '5는 10의 $\frac{1}{2}$'이라고 말할 수 있다.

• 4는 12의 얼마일까?

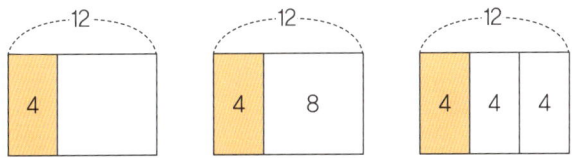

전체가 12, 부분이 4다. 먼저 12를 4만큼 가르고 남은 칸에 나머지 8을 적는다. 그러나 이 시점에선 가르기 한 수가 4와 8로, 똑같이 나누지 못했으므로 8을 4로 또 가른다. 전체를 등분하였으니 '4는 12를 3으로 똑같이 나눈 것 중 1개', 또는 '4는 12의 $\frac{1}{3}$'이라고 말할 수 있다.

• 12는 20의 얼마일까?

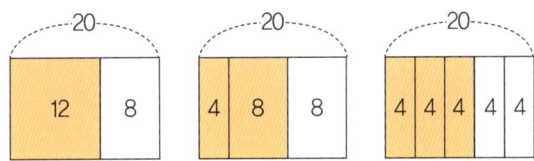

전체가 20, 부분이 12다. 먼저 20을 12로 가르고 남은 칸에 나머지 8을 적는다. 똑같이 나누어지지 않으므로 가른 수 중 더 작은 수인 8로 12를 가른다. 여전히 똑같이 나누어지지 않으므로 가른 수 중 더 작은 수인 4로 8을 가른다. 마침내 전체를 등분하였으니 분수로 나타낼 수 있다. 따라서 '12는 20을 똑같이 5로 나눈 것 중 3개', 또는 '12는 20의 $\frac{3}{5}$'이라고 말할 수 있다.

엄빠표 수재 도움활동

가지치기

분수로 나타내기 위해선 똑같이 나누기(등분하기)가 중요하다. 어려운 나누기는 가지치기 활동으로 연습할 수 있다.

▶ 18은 30의 얼마일까?

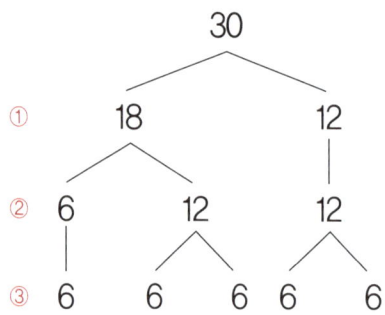

① 30을 18과 12로 가른다.
  → 똑같이 나누어지지 않음.
② 12를 만들기 위해 18을 6과 12로 가른다.
  → 똑같이 나누어지지 않음.
③ 6을 만들기 위해 12를 6과 6으로 가른다.
  → 똑같이 나누어짐.

똑같이 나누었다면 분수로 나타낸다. 5로 똑같이 나눈 것 중의 30이니, 18은 30의 $\frac{3}{5}$ 이다.

▶ 10은 25의 얼마일까?

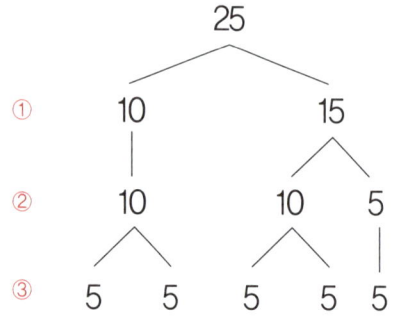

① 25를 10과 15로 가른다.
  → 똑같이 나누어지지 않음.
② 10을 만들기 위해 15를 10과 5로 가른다.
  → 똑같이 나누어지지 않음.
③ 5를 만들기 위해 10을 5와 5로 가른다.
  → 똑같이 나누어짐.

똑같이 나누었다면 분수로 나타낸다. 5로 똑같이 나눈 것 중의 20이니, 10은 25의 $\frac{2}{5}$ 다.

소수(小數)란 무엇인가? 분수와 마찬가지로 0보다 크고 1보다 작은 수를 나타내기 위해 만들어진 수이다. 소수는 영어로 'decimal fraction', 즉 분수를 십진법으로 나타낸 것으로 표현 방법만 다를 뿐 같은 수이다. 따라서 분수를 소수로, 소수를 분수로 바꾸어 나타낼 수 있다.

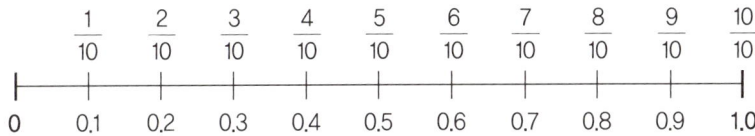

소수는 소수점을 기준으로 왼쪽과 오른쪽을 읽는 방법이 다르다.

406.406
[사백 육 점 사 영 육]

소수점을 기준으로 왼쪽 수는 자릿값을 적용해 "몇백 몇십 몇"이라고 읽고, 소수점을 읽은 뒤 오른쪽 수는 숫자 하나하나를 따로 읽어야 한다. 소수점 앞은 자연수이고, 소수점 이하는 자연수보다 작은 수이므로 자릿값을 생각하지 않는다. 즉, 자연수와 소수점 이하의 수를 구별하기 위한 것이다.

① 소수의 크기

1.9와 2.7의 크기를 비교해 보자.

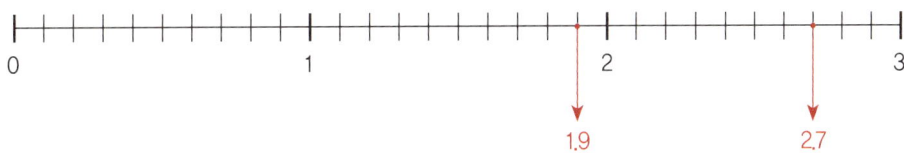

수직선으로 크기를 비교하는 방법은 두 가지다. 첫 번째는 0에서 출발한 길이를 각각 비교하는 것이다. 0부터 1.9까지의 길이보다 0부터 2.7까지의 길이가 더 길기 때문에 2.7이 더 큰 수라는 것을 알 수 있다. 두 번째는 각 숫자의 수직선에 표시된 눈금을 세는 것이다. 눈금을 세어보면 1.9는 0.1이 19개이고 2.7은 0.1이 27개다. 19보다 27이 더 큰 수이므로 1.9보다 2.7이 더 크다.
수직선 없이 비교할 때는 소수점의 왼쪽과 오른쪽의 수를 각각 비교한다. 먼저 소수점 왼쪽의 수를 보고 비교한 뒤, 수가 같을 때는 소수점 오른쪽의 수를 비교한다. 1.9와 2.7의 경우 1이 2보다 작으니 1.9는 2.7보다 작다는 걸 알 수 있다. 만약 2.9와 2.7이었다면 소수점 왼쪽의 수가 2로 같으니 오른쪽 수를 비교해야 한다. 9와 7을 비교하면 9가 7보다 더 크므로 2.9가 2.7보다 큰 수이다.

> ### 엄빠표 수재 질문
>
> **소수를 쓰는 법은 전 세계적으로 통일되어 있나요?**
>
> 옛날에는 소수점을 사용하지 않았고, 나라마다 소수를 쓰는 법이 달랐다고 해. 프랑스의 수학자 비에트는 1579년에 '3|64'로 표기했어. 네덜란드의 수학자 시몬 스테빈은 1585년에 '3⓪6①4②'라고 표기하였지. 그 후, 스코틀랜드의 수학자 존 네이피어가 1614년에 '3,64'와 같은 지금의 소수점을 사용했대. 하지만 지금도 나라마다 소수 표기법이 달라. 프랑스, 독일, 이탈리아 등 유럽에서는 '3,64', 영국에서는 '3·64', 미국, 우리나라에서는 '3.64'로 표기한단다. 해외여행 갈 때 헷갈리면 안 되겠지?

엄빠가 꼭 알아야 할 문제

 문제 1 다음 조건을 모두 만족하는 분수를 구하세요.

> - 진분수입니다.
> - 분모와 분자의 합은 22입니다.
> - 분모와 분자의 차는 4입니다.

주어진 조건만 보고 분모와 분자를 모두 구해야 해. 모르는 수는 무엇으로 놓자고 했었지? 그래, □로 바꾸어 보자. 단, 구분하기 위해 분모는 □, 분자는 △라고 하면 좋겠구나. 이제 식을 멋지게 써 보자.

분모 + 분자 = 22 　⇨　 □ + △ = 22
분모 − 분자 = 4 　⇨　 □ − △ = 4

단, 진분수는 분모가 분자보다 큰 분수이므로 분모에서 분자를 빼야겠지? 빼는 순서를 헷갈리지 않도록 조심하렴. 이번엔 뺄셈식을 덧셈식으로 만들어 보자. □ = 4 + △구나.

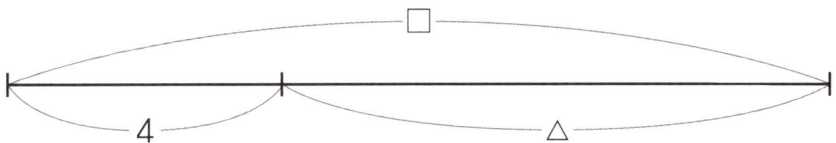

그럼 첫 번째 덧셈식의 □ 대신 4 + △를 넣자. 4 + △ + △ = 22로구나.

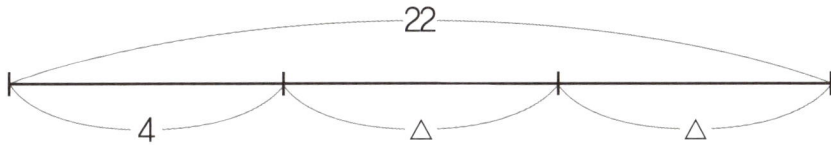

수직선으로 표현하니 한눈에 들어오는구나. 식을 정리하면 △ + △ = 18이니, △ = 9라는 걸 알 수 있지. △의 값을 구했으니 나머지는 간단하지? □ = △ + 4의 △ 값에 9를 넣어보자. 9 + 4 = 13이구나. □ = 13이란다. 즉 분자는 9, 분모는 13이니 조건을 만족하는 분수는 $\frac{9}{13}$야.

이처럼 조건에 맞는 수를 찾는 문제는 우리가 쉽게 알아낼 수 있는 힌트를 주지 않아. 두 번째나 세 번째까지 꼼꼼히 읽어야 답을 찾을 수 있는 문제들이 많단다. 그러니 포기하지 말고 두 번째, 세 번째까지 읽고 거꾸로 추적하면 문제를 풀 수 있어.

답 : $\frac{9}{13}$

 문제 2 조건에 맞는 두 수의 합을 소수로 나타내세요.

> 0.1이 35개인 수와 0.2의 10배인 수

두 개의 조건을 한 번에 생각하기 어려우니 나누어 생각해 보자. 0.1이 30개면 3, 0.1이 5개면 0.5지. 따라서 0.1이 35개면 3.5로구나! 이어서 0.2의 10배를 생각하자. 소수와 자연수를 곱하기 어렵다고? 그럼 할 수 있는 계산으로 먼저 생각해 보자. 2의 10배는 20이지. 이때 2의 $\frac{1}{10}$은 0.2이므로 20의 $\frac{1}{10}$을 구하면 되겠구나. 20을 똑같이 10으로 나눈 것 중 1개는 2야. 마지막으로 3.5와 2를 합하면 5.5란다.

답 : 5.5

문제 3 4장의 수 카드 중에서 2장을 뽑아 한 번씩만 사용하여 가분수를 만들려고 합니다. 만들 수 있는 가분수는 모두 몇 개인지 구하세요.

| 8 | 4 | 2 | 5 |

가분수라면 분모가 분자와 같거나 작겠지. 그러니 가장 큰 수인 8은 분모가 될 수 없어. 이제 분모가 2인 경우, 4인 경우, 5인 경우를 차분히 헤아려 보자.

분모가 2인 가분수 : $\frac{4}{2}$, $\frac{5}{2}$, $\frac{8}{2}$

분모가 4인 가분수 : $\frac{5}{4}$, $\frac{8}{4}$

분모가 5인 가분수 : $\frac{8}{5}$

모두 6개로구나. 수 카드를 활용한 문제는 쓴 것을 또 쓰거나 놓치기 일쑤야. 조건을 보고 분모에 어떤 수를 사용할 수 있는지 짚고, 작은 수부터 순서대로 써야 실수하지 않는단다.

답 : 6개

문제 4 가장 큰 분수를 찾아 기호를 쓰세요.

| ㉠ $3\frac{4}{9}$ ㉡ $\frac{46}{9}$ ㉢ $5\frac{2}{9}$ |

이런 경우는 분수나 대분수로 통일해서 비교해. ㉡을 대분수로 고쳐보자. $\frac{46}{9}$은 곧 46을 9로 나누는 거지? 46 ÷ 9는 몫이 5, 나머지가 1이니 $5\frac{1}{9}$이라는 것을 알 수 있구나.

$$\frac{46}{9} = 5\frac{1}{9}$$

대분수의 크기를 비교할 때는 앞의 자연수 부분을 먼저 살펴봐야 해. ㉠은 자연수 부분이 3이니 가장 큰 분수가 아니겠구나. ㉡과 ㉢은 자연수 부분이 5로 같으니 진분수 부분을 비교하자. $\frac{1}{9}$과 $\frac{2}{9}$ 중 큰 수는? 그래. 가장 큰 분수는 $5\frac{2}{9}$, ㉢이란다.

답 : ㉢

문제 5 어머니가 귤을 56개 사 오셨습니다. 요셉이가 전체의 $\frac{2}{7}$를 먹었고 남은 귤을 다솔이가 먹는다면 다솔이가 먹는 귤은 몇 개인지 구하세요.

전체는 56개이므로, 요셉이가 먹은 귤은 56의 $\frac{2}{7}$겠지? 56의 $\frac{2}{7}$를 한 번에 구하기 어렵다면 56의 $\frac{1}{7}$(56을 7로 나눈 것 중 1묶음)을 먼저 구하면 간단해. 56 ÷ 7 = 8이니 56의 $\frac{1}{7}$은 8(개)이로구나. 따라서 56의 $\frac{2}{7}$는 8 × 2 = 16(개)이야. 요셉이가 56개 중 16개를 먹고 다솔이가 나머지를 먹는다면 56 − 16 = 40(개), 즉 다솔이가 먹는 귤은 40개란다.

또 다른 방법으로 풀이해 볼까? 요셉이가 전체의 $\frac{2}{7}$를 먹으면 다솔이는 전체의 $\frac{5}{7}$를 먹는 것이겠지?

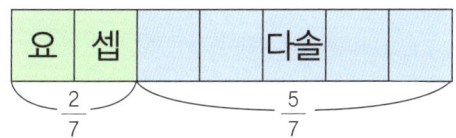

56의 $\frac{1}{7}$은 8(개)이라고 했으니 56의 $\frac{5}{7}$는 8 × 5 = 40(개)이겠구나.

답 : 40개

 문제 6 어떤 수의 $\frac{5}{8}$가 30입니다. 어떤 수의 $\frac{5}{6}$는 얼마인지 구하세요.

부분이 전체의 얼마인지 알아보는 문제를 거꾸로 비틀었구나. 분수의 개념을 확실히 알고 있으면 어렵지 않아. 우선 어떤 수를 구하자. 어떤 수의 $\frac{5}{8}$라는 것은 어떤 수를 똑같이 8로 나눈 것 중 5개가 곧 30이라는 거야.

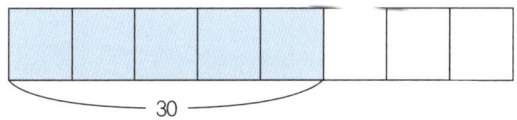

따라서 30을 5로 나누면 $\frac{1}{8}$을 구할 수 있겠지? 30 ÷ 5 = 6, 어떤 수의 $\frac{1}{8}$은 6이로구나. $\frac{1}{8}$이 8개 있으면 $\frac{8}{8}$, 즉 1이 되겠구나. 6 × 8 = 48. 어떤 수는 48이야.
이제 48의 $\frac{5}{6}$를 구하자. 48을 6등분한 것 중 5개를 뜻하지? 48 ÷ 6 = 8, 8 × 5 = 40이야. 어떤 수의 $\frac{5}{6}$는 40이구나.

답 : 40

문제 7 $\frac{4}{10}$보다 크고 1.7보다 작은 수를 모두 찾아보세요.

$$0.5 \quad 1.4 \quad \frac{3}{10} \quad 2.2 \quad 1\frac{5}{10}$$

수를 비교하려면 소수나 분수로 통일하는 게 좋겠구나. 이번에는 분수를 소수로 바꾸어 볼까? 우선 문제부터 바꾸자. $\frac{4}{10}$를 소수로 바꾸면 0.4지. 구해야 하는 어떤 수는 □로 두자.

$0.4 < □ < 1.7$

이제 주어진 분수를 소수로 바꾸자. $\frac{3}{10}$은 간단하지? 0.3이야. $1\frac{5}{10}$는 자연수 1과 진분수 $\frac{5}{10}$가 함께 있어. $\frac{5}{10}$는 0.5이니 1 + 0.5 = 1.5로 바꿀 수 있겠구나. 따라서 0.4보다 크고 1.7보다 작은 수는 0.5, 1.4, $1\frac{5}{10}$란다.

답 : 0.5, 1.4, $1\frac{5}{10}$

원

 2학기 3단원

| 엄빠가 꼭 알아야 할 개념

3학년 1학기 평면도형 단원에서 다각형을 학습하고 2학기에서 가장 먼저 등장하는 평면도형이 원이다. 원은 곡선(曲線)으로 연속적인 점들의 집합이다. 더 쉽게 말하면 평면 위의 일정한 점에서 같은 거리에 있는 점들의 집합이다. 원을 그릴 때 컴퍼스를 한 바퀴 돌려 그은 선을 두고 점이 모여 만들어진 도형이라는 설명을 아이들이 어려워하기도 한다. 이 부분은 앞서 배운 무수히 많은 점을 연결하면 선이 되고, 무수히 많은 선을 연결하면 면이 된다는 개념을 일깨워 주면 된다.

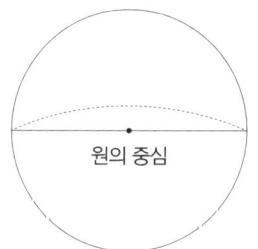 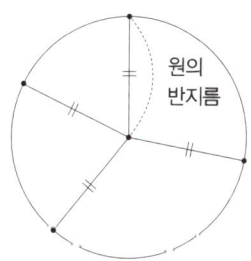

원 위에서 중심(원을 그릴 때 컴퍼스로 고정한 끝점)을 지나는 선분은 지름이 된다.

지름의 특징 : 원의 지름은 원의 중심을 반드시 지난다.
　　　　　　원의 지름의 길이는 모두 같고 반지름 길이의 2배이다.
　　　　　　원의 지름은 원 위의 두 점을 이은 선분 중 가장 길다.
　　　　　　원의 지름은 무수히 많다.

엄빠표 수재 질문

자동차 바퀴나 맨홀 뚜껑은 왜 원일까요?

수학에서 가장 완전한 도형은 원이란다. 원은 지름을 지나는 무수히 많은 직선에 대해 대칭이지. 돌리거나 뒤집어도 모양이 같다는 뜻이야. 또 모든 모양 중에서 최소한의 길이로 최대의 넓이를 가질 수 있어 가장 효율적이기도 해.

만약 바퀴가 삼각형이나 사각형이라면 어떨까? 구를 때 바퀴의 중심과 바닥의 거리가 계속 바뀌어서 잘 굴러가지 못할 거야. 하지만 원형으로 바퀴를 만들면 바퀴의 중심과 바닥의 거리가 항상 일정해서 안전하게 잘 굴러간단다.

길을 걷다 볼 수 있는 맨홀 뚜껑도 대부분 원 모양을 하고 있지. 삼각형이나 사각형 뚜껑은 대각선의 길이가 변의 길이보다 길기 때문에 구멍에 빠질 위험이 있어. 하지만 원의 지름은 어느 방향이든 똑같아서 빠지지 않아 더 안전하단다.

엄빠가 꼭 알아야 할 문제

 문제 1 원의 지름이 16cm입니다. 삼각형 ㄱㅇㄴ의 세 변의 길이의 합은 몇 cm인지 구하세요.

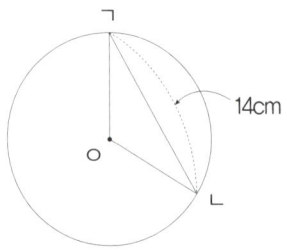

지름이 16cm라면 반지름은 8cm겠구나. 원의 중심과 닿는 변 ㄱㅇ과 변 ㄴㅇ은 반지름이지? 변 ㄱㄴ은 14cm이므로 세 변의 길이의 합은 8 + 8 + 14 = 30(cm)이란다.

답 : 30cm

문제 2 크기가 같은 2개의 원과 큰 원 1개를 맞닿게 그린 다음 세 원의 중심을 이어 삼각형 ㄱㄴㄷ을 그렸습니다. 삼각형 ㄱㄴㄷ의 세 변의 길이의 합은 72cm이고 큰 원의 지름은 작은 원의 지름의 2배입니다. 작은 원의 반지름은 몇 cm인지 구하세요.

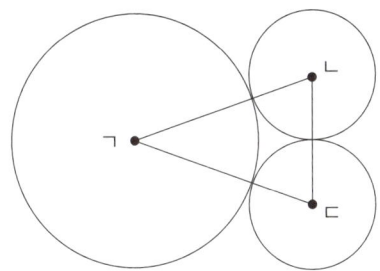

우선 구해야 하는 작은 원의 반지름을 □라고 해보자. 그리고 그림의 삼각형 ㄱㄴㄷ에 표시하는 거야. 원끼리 맞닿아서 생긴 점에도 각각 점 ㄹ, ㅁ, ㅂ으로 표시해 주자.

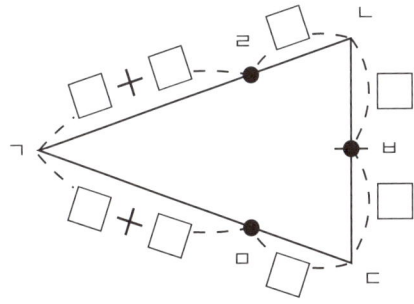

큰 원의 지름은 작은 원 지름의 2배라고 했지? 그럼 반지름도 마찬가지란다. 작은 원의 반지름이 □라면, 큰 원의 반지름은 □+□일 거야. 그렇다면 선분 ㄴㄹ, 선분 ㄴㅂ, 선분 ㄷㅁ, 선분 ㄷㅂ은 □고 선분 ㄱㄹ, 선분 ㄱㅁ은 □+□로 나타낼 수 있겠구나. 그럼 삼각형 ㄱㄴㄷ의 세 변의 전체 길이에 □가 전부 몇 개 들어가는지 세어보자꾸나. 옳지, 8개야. 이는 곧 삼각형 ㄱㄴㄷ의 세 변의 길이의 합이 □의 8배라는 뜻이지.

$$□ \times 8 = 72, \quad □ = 72 \div 8 = 9$$

즉, □ = 9cm이구나!

답 : 9cm

문제 3 그림과 같이 직사각형 ㄱㄴㄷㄹ 안에 크기가 같은 원 5개를 그렸습니다. 선분 ㄱㄹ의 길이가 48cm일 때, 선분 ㄱㄴ의 길이는 몇 cm인지 구하세요.

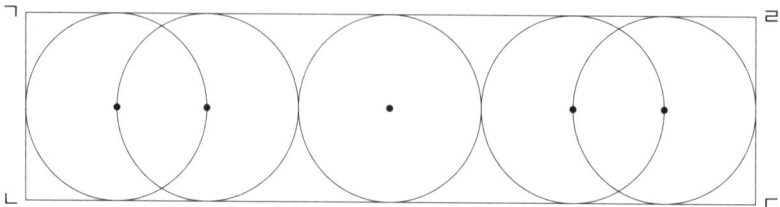

선분 ㄱㄴ은 원의 지름과 길이가 같겠구나. 선분 ㄱㄹ 안에 지름이 몇 개 들어 있는지 헤아려 보자. 겹쳐서 헷갈리지? 그럼 반지름을 세면 된단다. 반지름이 모두 8개이니 선분 ㄱㄹ의 길이인 48cm를 8개로 나누어 보자꾸나. 48 ÷ 8 = 6, 반지름은 6cm구나. 선분 ㄱㄴ의 길이와 같은 지름을 구하려면 2를 곱해 6 × 2 = 12. 따라서 선분 ㄱㄴ의 길이는 12cm란다.

답 : 12cm

> 2학기 5단원

들이와 무게

| 엄빠가 꼭 알아야 할 개념

① 들이
들이는 주전자나 물병 같은 그릇 안쪽 공간의 크기이다. 여기서 중요한 것은 안쪽 공간이라는 것이다. 즉, 겉에서 본 그릇의 크기가 같다고 해서 들이가 같은 것은 아니다. 한 그릇의 두께가 두껍고 다른 그릇의 두께가 얇다면 어느 쪽에 물이 더 많이 들어갈까? 그릇의 두께가 얇은 쪽이 물이 더 많이 들어가며, 곧 들이가 더 큰 것이다. 들이를 비교하려면 아이에게 그릇 안쪽 공간의 크기도 생각해야 한다고 짚어주자.
들이의 단위는 L(리터)와 mL(밀리리터)가 있다.

   1L = 1000mL

들이의 단위는 아이들에게 생소할 수밖에 없다. 아이에게 심부름을 시킬 때도 대개 우유 큰 것 가져오라고 하지, 1L짜리 우유를 가져오라고는 잘 하지 않기 때문이다. 누누이 말하듯 측정 영역은 실생활을 통해 익숙해져야 한다. 주변에 있는 각종 음료, 액체 등의 들이를 함께 읽어 보면서 양을 가늠하고 비교하는 연습을 하자. 금세 익숙해질 것이다.

② 무게
무게는 어떤 물건의 무거운 정도이다. 들이와 길이처럼 비교하거나 측정할 수 있다. 교과에 등장하는 무게의 단위는 kg(킬로그램), g(그램), t(톤)이 있다.

1kg = 1000g
1t = 1000kg

다만 t(톤) 단위는 실생활에서 체험하기 어렵다. 그래서 적절한 예시로 대체하여 설명하곤 한다. 1t 트럭, 약 1.5t의 하마, 약 5t의 코끼리 등 아이가 상상할 수 있는 무거운 대상을 예시로 들어주자.

> **엄빠표 수재 질문**
>
> **물 1t을 L(리터) 단위로 나타낼 수 있나요?**
>
> t은 무게를 나타내는 단위, L는 부피를 나타내는 단위란다. 물은 특정 온도와 압력 상황에서 1L일 때 약 1kg의 무게를 가진대. 그래서 물 1t은 1000kg이니 대략 1000L라고 할 수 있어. 그리고 1L는 가로 · 세로 · 높이가 모두 10cm인 부피, 즉 1000cm³(세제곱센티미터)를 뜻하기도 해. 이처럼 물은 단위를 획획 바꾸며 재밌게 측정할 수 있단다.

③ 들이·무게의 합과 차

들이나 무게는 같은 단위끼리 더하거나 빼면 된다. 이때 작은 단위를 먼저 계산한다. 들이는 mL끼리의 합이 1000mL가 되거나 넘으면 받아올림 하여 계산하고 mL끼리 뺄 수 없을 때는 1L를 1000mL로 받아내림 하여 계산한다. 무게는 g 단위의 합이 1000g이 되거나 넘으면 받아올림 하여 계산하고 g 단위끼리 뺄 수 없을 때는 1kg을 1000g으로 받아내림 하여 계산한다.

```
               10   1000
   11L  450mL   11kg  450g
 + 5L  680mL  -  5kg  680g
 ─────────── ──────────────
   16L 1130mL    5kg  770g
    1 ← 1000
 ───────────
   17L  130mL
```

| 엄빠가 꼭 알아야 할 문제

문제 1 들이가 20L인 통에 물을 가득 채우려면 각각의 그릇으로 다음과 같이 부어야 합니다. 들이가 적은 그릇부터 차례로 기호를 쓰세요.

(가) : 12번   (나) : 7번   (다) : 2번   (라) : 5번

들이가 많다는 건 곧 물을 더 많이 담을 수 있다는 의미야. 20L 통에 가득 채울 때, 들이가 많으면 물을 한 번에 많이 채울 수 있어서 붓는 횟수가 더 적겠지. 반대로 들이가 적은 것은 붓는 횟수가 더 많을 거야. 횟수가 많은 것부터 순서대로 나열해 보자.

(가) : 12번 > (나) : 7번 > (라) : 5번 > (다) : 2번

(가)-(나)-(라)-(다) 순으로 횟수가 많구나! 즉, 이 순서가 들이가 적은 순서와 같단다.

답 : (가), (나), (라), (다)

문제 2 주스가 가득 담긴 병의 무게를 저울로 쟀더니 1kg 650g이었습니다. 주스를 정확히 절반 마신 다음, 다시 무게를 저울로 쟀더니 950g이었습니다. 빈 주스 병의 무게는 몇 g인지 구하세요.

주스 절반과 주스의 무게를 먼저 구하고, 주스와 병의 무게에서 주스의 무게만 빼면 병의 무게가 남겠구나. 우선 주스 절반의 무게를 구해보자. 처음 무게인 1kg 650g에서 주스 절반을 마셨더니 950g이 되었다고 했지.

(주스 + 병) − (주스 절반) = (주스 절반 + 병)
1kg 650g − (주스 절반) = 950g

이걸 주스 절반을 구하는 식으로 고치려면 어떻게 해야 할까? 그래, 주스와 병의 무게에서 주스 절반을 마시고 남은 무게를 빼면 되겠구나. 이때 650g에서 950g을 뺄 수 없으니 1kg을 1000g으로 받아내림 해야겠네. 1650 − 950 = 700(g)이야.

(주스 + 병) − (주스 절반 + 병) = (주스 절반)
 1kg 650g − 950g = 700g

주스 절반의 무게가 700g이라면 주스 전체의 무게는 700 + 700 = 1400(g), 즉 1kg 400g이겠구나. 병의 무게는 1kg 650g − 1kg 400g = 250g이란다.

답 : 250g

> 2학기 6단원

자료의 정리

| 엄빠가 꼭 알아야 할 개념

6단원 자료의 정리에서는 처음으로 통계를 학습할 수 있다. 표와 그림그래프를 보고 자료를 정리하고 논리적으로 정보를 찾아내 처리하고 추론할 수 있어야 한다. 여기서 아이들이 특히 실수하는 부분은 그림그래프를 그릴 때 자료를 하나씩 빠뜨리는 것이다. 자료의 개수를 눈으로 세지 말고, 그림으로 표현한 값과 표에 나타난 값을 함께 확인할 수 있도록 해야 한다.

엄빠표 수재 질문

그림그래프를 쉽게 그리는 방법이 있나요?

그래프는 어떤 자료를 기준에 따라 분류해 표현한 것이란다. 특히 그림그래프는 다른 그래프에 비해 무엇을 나타내는지 더욱 쉽게 알 수 있어. 즉, 그림그래프는 이해하기 쉽게 만드는 것이 중요해.

예를 들어, 병아리 33마리를 그림그래프로 나타내 보자. 33마리를 일일이 그리기는 어렵겠지? 그러니 병아리 10마리 묶음은 크게 그리고, 병아리 1마리는 작게 그려보자.

병아리 그리기가 어렵다면, 기호로 나타내도 된단다.

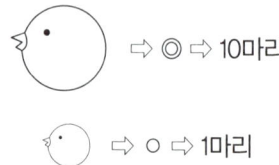

이러면 그리기도 쉽고, 그림그래프에 표시된 그림이 얼마를 나타내는지 정확히 구분하고 이해할 수 있을 거야.

엄빠가 꼭 알아야 할 문제

 문제 1 마을별 수박 생산량을 조사하여 그림그래프로 나타내었습니다. (나) 마을의 수박 생산량이 30통, (다) 마을의 수박 생산량이 21통일 때 생산량이 가장 많은 마을의 수박 생산량은 몇 통인지 구하세요.

마을	수박 생산량
(가)	🍉🍉🍉🍉🍉🍉🍉
(나)	🍉🍉🍉🍉🍉🍉
(다)	🍉🍉🍉🍉🍉🍉
(라)	🍉🍉🍉🍉🍉

㈏ 마을의 큰 수박 그림이 6개일 때 30통을 나타낸다면 30 ÷ 6 = 5, 즉 큰 수박 그림 1개는 수박 5통이로구나. ㈐ 마을은 큰 수박 그림이 4개, 작은 수박 그림이 1개고 21통이라고 해. 큰 수박 그림 1개가 수박 5통이라는 걸 알고 있으니 4 × 5 = 20, 즉 작은 수박 그림 1개는 수박 1통이라는 걸 알 수 있지.

이제 각 마을의 수박 생산량을 모두 구해보자. ㈎ 마을은 큰 수박 그림 6개, 작은 수박 그림 1개이니 31통이고 ㈑ 마을은 큰 수박 그림 3개, 작은 수박 그림 3개이니 18통이야. 생산량이 가장 많은 마을은 ㈎ 마을이고 수박 생산량은 31통이란다.

답 : 31통

 문제 2 어느 마을의 한 가구당 가족 수를 조사하여 표로 나타내었습니다. 가족 수가 3명인 가구 수가 5명인 가구 수의 3배일 때, 빈칸에 들어갈 수를 차례로 쓰세요.

가족 수	1명	2명	3명	4명	5명	합계
가구 수	10	8		20		62

우선 가족 수가 3명인 가구 수와 5명인 가구 수를 구해야겠지? 합계에서 당장 알 수 있는 값부터 빼보자. 그럼 가족 수가 3명인 가구 수와 5명인 가구 수의 합이 남겠지.

(가족 수가 3명인 가구 수) + (가족 수가 5명인 가구 수) = 62 − 10 − 8 − 20 = 24(가구)

가족 수가 5명인 가구를 □라고 생각하면 가족 수가 3명인 가구는 □ × 3이라고 할 수 있겠구나. 이를 정리하면 아래와 같아.

(가족 수가 3명인 가구 수) + (가족 수가 5명인 가구 수) = □ × 3 + □ = 24(가구)

여기부터 어떻게 풀어야 할까? □ × 3이 어떤 의미인지 생각해 보자. □ × 3 = □ + □ + □, 즉 □를 3번 더했다는 의미지. 그럼 □ × 3 + □는 □ + □ + □ + □와 같으니, □ × 4 = 24로 정리할 수 있단다. 즉, □ = 6이라는 걸 알겠지?

정리하면 가족 수가 5명인 가구는 6가구, 가족 수가 3명인 가구는 6 × 3 = 18가구가 되겠구나!

답 : 18, 6

Last turn
엄빠표 수학 성공을 기원하며

30대부터 반평생을 병석에 누워 생활하셨던 어머니는 평생 공부하는 자식을 원하셨다. 대학만 들어가면 모든 필기구와 책을 버리겠다던 철없는 큰딸은 어머니의 바람대로 50살이 다 된 나이에도 끝없이 공부하며 학습법을 연구하고 있다. 인생은 말하는 대로 된다는 식상한 말이 현실이 되었다.

이처럼 삶은 말하는 대로 맘먹게 되고 맘먹은 대로 생각하게 되고 생각하는 대로 다짐하게 된다.

아이의 행복한 삶을 가장 바라는 사람은 바로 부모이다. 엄빠표 공부를 하면서 아이와 싸우거나 모진 말도 내뱉으면서 곧 미안해하고 포기하게 된다. 하지만 영구불변의 진리는 내 아이의 장점과 강점을 가장 잘 알고 있는 사람이 부모이며, 세상에서 가장 잘 이끌어줄 수 있는 사람도 부모라는 것이다. 엄빠표 수학의 과정이 어렵더라도 최대한 함께하는 시간을 가지다가 사교육으로 넘어가야 한다. 아이와 함께하는 엄빠표 수학에 도움이 되고, 싸우지 않고 행복한 코칭을 이어나가길 바라는 마음으로 엄빠표 교육 유튜브 채널을 운영하였고, 책까지 펴내게 되었다.

아이가 즐겁게 수학 공부를 하기를
아이가 행복한 학창 시절을 보내기를
아이가 멋진 어른으로 성장하기를
말하는 대로 이루어지리라 믿는다.

별타쌤 박지영

Thanks to

철들지 않는 박지영을 늘 응원해 주는 동생들과 친구들
지구별 소풍 와서 만난 소중한 인연, 큰딸과 작은딸
영원한 친구이자 존경하는 남편
재미있게 영상 시청해 주시는 구독자님들
늘 따뜻한 시선으로 응원해 주시는 인친님들께

감사합니다.

엄빠표 수재 초등 수학 코칭 상권

초 판 발 행	2025년 03월 13일
발 행 인	박영일
책 임 편 집	이해욱
저　　　자	박지영
편 집 진 행	박유진
표 지 디 자 인	박수영
편 집 디 자 인	김지현 · 김세연
삽　　　화	기도연
발 행 처	시대인
공 급 처	(주)시대고시기획
출 판 등 록	제 10-1521호
주　　　소	서울시 마포구 큰우물로 75 [도화동 538 성지 B/D] 9F
전　　　화	1600-3600
팩　　　스	02-701-8823
홈 페 이 지	www.edusd.co.kr
I S B N	979-11-383-7978-6 (03370)
정　　　가	17,000원

※이 책은 저작권법의 보호를 받는 저작물이므로 동영상 제작 및 무단전재와 배포를 금합니다.
※잘못된 책은 구입하신 서점에서 바꾸어 드립니다.